Saveurs & terroirs d'Alsace

Direction

Jean Arcache, Valérie Strauss-Kahn

Coordination éditoriale

Dominique Raynal

Rédaction des textes

Corinne Vilder-Bompard, Laurent Terrasson et Philippe Lamboley

Direction artistique, cartographie et mise en pages

Éric Mouton

Secrétariat d'édition

Catherine Amor

Fabrication

Gérard Piassale

Réalisation : Éditions Philippe Lamboley

Saveurs & terroirs d'Alsace

100 RECETTES DE TERROIR PAR LES CHEFS

Collection conçue et dirigée par

PHILIPPE LAMBOLEY

Photographies

PHILIPPE BARRET

HACHETTE

L'ALSACE GOURMANDE

Depuis des siècles, l'Alsace entretient avec la cuisine de ferventes relations. L'Alsace aime manger, bon et beaucoup, apprécie le bien boire et a su élever la gastronomie au rang d'un art de vivre qui rapproche tous les Alsaciens. La cuisine de la région est à l'image de ses habitants, sérieuse et fidèle à son terroir : elle demeure à l'abri des modes.

Tout commence à la table familiale quand les émois sont synonymes de souvenirs d'enfance.

Retrouvons l'écrivain Simone Morgenthaler, alors petite fille âgée de dix ans participant aux préparatifs d'un repas de fête : « Sais-tu seulement l'euphorie qui nous porte depuis trois jours ? Le pot-au-feu, en fin stratège, nous exalte depuis jeudi, jour de marché. Il nous fait pédaler et, sur les quatre kilomètres qui nous séparent de Saverne, nous nous questionnons, nez au vent, sur le choix des viandes. Cette perspective nous met en euphorie : macreuse, plat de côtes, paleron ou gîte à la noix ? » Agapes familiales, soirées tartes flambées, dégustations chez les viticulteurs, fêtes locales ou annuelles, réunions amicales ou simples repas de la vie quotidienne, la table alsacienne offre selon les occasions des mets raffinés, des plats mijotés et réconfortants. On ne saurait parcourir la région sans retenir les conseils prodigués par Erckmann-Chatrian dans *L'Ami Fritz* : « Est-il rien de plus agréable en ce bas monde que de s'asseoir avec trois ou quatre vieux camarades devant une table bien servie, dans l'antique salle à manger de ses pères ; et là, de s'attacher gravement la serviette au menton, de plonger la cuiller dans une bonne soupe aux écrevisses qui embaume, et de passer l'assiette en disant : goûtez-moi donc cela, mes amis, vous m'en direz des nouvelles. » Puisque nous sommes en bonne compagnie, passons à table et à tout seigneur, tout honneur, commençons par le foie gras. La recette du pâté de foie gras fut inventée en 1780 par Jean-Pierre Clause, cuisinier du maréchal de Contades. Depuis, en terrine, au

Le vignoble domine la plaine du Rhin.

torchon, truffé ou non, le célébrissime foie gras de Strasbourg se décline de multiples façons. Viennent ensuite les cochonnailles, si chères au cœur des Alsaciens qu'un dicton populaire les célèbre avec humour : « Si tu veux être heureux un jour, saoule-toi, si tu veux être heureux huit jours, marie-toi, si tu veux être heureux un mois, tue ton cochon. » Et il est vrai que pour les *knack* emblématiques de la ville de Strasbourg, les *brotwurst* délicieuses saucisses à frire, les jambons, notre ami cochon mérite notre reconnaissance éternelle.

On ne peut penser à l'Alsace sans instantanément évoquer quelques grands plats traditionnels comme la choucroute, le *baekenoffe,* la palette de porc fumée, la *flammekueche* ou tarte flambée qui se mange brûlante et roulée avec les doigts, les produits emblématiques comme le puissant munster, et les pâtisseries comme le pain d'épice, le *kougelhopf,* les tartes au fromage blanc et les *strudel.* L'Alsace s'est forgée, grâce à sa table, une véritable identité culinaire dont nous parle le Professeur Jean-Louis Schlienger : « … La terre d'Alsace s'est toujours singularisée par son aptitude à recevoir et à fidéliser tous les raffinements venus de France pour les marier avec bonheur à la rusticité germanique, sans rien concéder de ses racines. Les pâtes de toutes sortes – vermicelles, quenelles (*knepfe*), nouilles – consolident la place des céréales, fidèles au goût pour la bouillie. Le surissement, procédé de conservation alimentaire ancestral venu d'Europe centrale, est exemplaire. Mieux qu'aucun de ses voisins,

L'oie, symbole vivant de l'Alsace.

Le versant alsacien des Vosges dans la vallée de Munster.

l'Alsacien saura le faire évoluer jusqu'à l'épanouissement dans un registre gastronomique, au point d'en faire une véritable image de marque de notre province. »
Au registre des influences, il y a bien sûr la cuisine juive et son cortège de plats préparés pour les grandes occasions comme la carpe farcie, le brochet et le sandre aux oignons ou encore la choucroute accommodée à la graisse d'oie et entourée de bœuf fumé. C'est avec nostalgie que Claude Vigée se souvient : « Confessons-le cher Abraham, la vie d'aujourd'hui n'a plus ni goût ni saveur. Depuis longtemps il n'est plus question de matières sérieuses, de Kougel aux marrons et aux quetsches, de bon

Les marchés de Noël apparaissent à la Saint-Nicolas.

Pêche dans les étangs du Sundgau.

pot-au-feu gras où nagent parmi les vermicelles des quenelles de farine de *matzah* à la moelle et diverses sortes de vol-au-vent exquis. Qui parle encore de la carpe ou du brochet en sauce verte à la gelée ? D'estomacs de bœuf farcis mijotés toute la nuit dans la graisse avec des tranches de poires confites ? »

Mais avant ces joyeuses ripailles, au petit matin, la maison s'imprègne du fumet de pâté en croûte et de l'odeur des petits gâteaux sablés. Philomé, paysanne du Sundgau et héroïne de la romancière Marguerite Gable-Senné dans *Philomé ou l'Arbre de vie*, nous ouvre les portes de sa maison :

« Au Waldhof on préparait Noël ; Katry confectionnait des *berawek*a ou pains de fruits. Les deux jeunes femmes découpaient des motifs dans la pâte et alignaient les gâteaux de Noël sur des tôles.

Lila s'amusait à créer d'étranges rencontres les poissons voisinaient avec les étoiles et les quartiers de lune. Les bottes étaient cernées par des cœurs. Les pommes touchaient les becs des canards… Mais Lila accordait sa préférence aux oiseaux qu'elle décorait de graphismes légers et fleuris, leur offrant, par la grâce de sa fantaisie, un plumage extraordinaire. Le secret des biscuits à l'anis appartenait à Philomé. On possédait à la ferme des planches à gâteaux aux dessins fouillés représentant parfois de véritables paysages. »

Terre d'abondance, l'Alsace est « un beau jardin ».

C'est ainsi que Louis XIV décrivit la région, impressionné du haut du col de Saverne par la grande plaine rhénane qui s'étendait devant lui.

Le ramassage des choux pour la fameuse choucroute.

Côté fruits et légumes, le gourmet n'a que l'embarras du choix : choux, quetsches, mirabelles, pommes, poires, céleris, poireaux,

salades… Sans oublier les asperges qui régalent les Alsaciens dès les premiers beaux jours de mai. Dans la région de Strasbourg, manger des asperges tourne à l'obsession. Il en faut au moins un kilo par convive et on ne déroge pas à la tradition qui veut qu'on les déguste avec quatre sauces différentes : vinaigrette, mousseline, hollandaise et mayonnaise.

Au pays des châteaux forts, des cathédrales et des maisons à colombage, on n'en fini pas de faire bombance.

L'Alsace est particulièrement giboyeuse : lapins et faisans pour la plaine, sangliers un peu partout, cerfs, biches et daims dans les forêts. Et si les Alsaciens sont chasseurs, ils sont aussi grands amateurs de poissons, produits essentiels de l'alimentation locale. S'il est vrai que les pêcheurs ont déserté les rives du Rhin, les rivières vosgiennes et les étangs du Sundgau continuent d'approvisionner les cuisines en carpes, brochets et truites.

Conviviale, opulente, la table alsacienne a aussi forgé sa réputation grâce à sa passion pour le bien-boire. Saluons la bière qui demeure une grande boisson bas-rhinoise même si elle n'est pas dédaignée dans le Haut-Rhin. On la déguste dans les *bierstub*, de préférence à la pression, aérée, avec un joli chapeau de mousse et accompagnée

Scène de chasse dans la plaine alsacienne.

Fabrication des traditionnels cœurs de pain d'épices.

comme il se doit de *bretzel* qui donnent soif. Et le schnaps ? Il serait incongru de quitter ses hôtes sans boire un petit coup de schnaps, alcool blanc issu d'un fruit ou d'un mélange de fruits du verger. Si les Alsaciens font de l'alcool avec presque tout ce qui

Les enseignes alsaciennes ponctuent les balades gourmandes.

peut en produire, le kirsch, alcool de cerise dont le berceau se trouve dans le val de Villé, demeure le produit roi. Retournons à la table de Philomé : « Le café fumait dans les tasses. Katy posa avec ferveur le kirsch au milieu de la table. Alors Joachim, selon le rite, leva la bouteille, la secoua légèrement, se laissa flatter l'œil par la transparence du liquide et aiguiser le palais par la promesse de son feu. Puis, il en leva le bouchon et huma religieusement l'odeur de l'eau-de-vie… "Fameux ton schnaps Philomé". Les hommes tendirent leur tasse. »

Éden gourmand que l'on sillonne le long de « routes » renommées, route de la Choucroute, de la Carpe Frite, de la Matelote, du Fromage ou encore de la Bière, l'Alsace peut également s'enorgueillir de posséder un remarquable domaine viticole. De Marlenheim à Thann, d'innombrables et séduisantes enseignes évoquent les vendanges et sont autant d'invitations à découvrir des vins de cépage (riesling, gewurztraminer, tokay, pinot, sylvaner...) au bouquet et au fruité si particuliers.

« Se bien promener et bien manger, en gaie compagnie, c'est la devise de l'Alsace heureuse. »

Profitons de l'invitation de Maurice Barrs pour rejoindre dix chefs imprégnés des saveurs et des traditions d'une région aux incomparables richesses naturelles. En leur compagnie, baladons-nous dans la vallée de Munster, dans le Pays de la Petite Pierre, ou encore rejoignons les Strasbourgeois au Christkindelsmärik, le chaleureux marché de Noël. À leur table, dégustons les bons produits de la région et découvrons les recettes spécialement élaborées pour cet ouvrage. La gastronomie alsacienne est un rendez-vous à ne pas manquer. Pour vous, nous avons convié dix ambassadeurs de talent, dix chefs qui ont su interpréter magistralement une des plus généreuses, une des plus vivantes cuisines de terroir. ❦

Les châteaux sont toujours là pour rappeler l'Alsace ancestrale.

Sur les bords du Rhin

À partir de Rhinau, en longeant le Rhin ou en traversant de coquets villages fleuris, vous atteignez Erstein, la ville du sucre. La cité en liesse vous attend le dernier dimanche du mois d'août, à l'occasion de la fête du Sucre. Avec les groupes folkloriques, vous suivez la grande parade des chars habillés de milliers de dahlias. Après la dégustation d'une délicieuse tarte flambée, vous rencontrez des « glycophiles » qui exposent leur collection d'emballages de sucre.

Encadrée de jolies maisons à colombage et sous la protection de son beffroi, Obernai accueille le jeudi matin un superbe marché qui se tient sur la place des Fines Herbes. Vous arpentez les allées, à la recherche de la fameuse tomme du Ried produite par les fermiers de Muttersholtz. Cette spécialité fromagère qui était, il y a encore peu de temps, produite en très petites quantités est aujourd'hui proposée par de nombreux professionnels.

Étape obligée du vignoble alsacien, Barr est une charmante cité où il fait bon vagabonder dans un dédale de rues sinueuses et de ruelles cachées. La fête des Vendanges se tient le premier dimanche d'octobre. C'est l'occasion de déguster gratuitement le vin nouveau, à condition d'avoir au préalable acheté le verre frappé aux armes de la ville. Après Benfeld, ville du tabac (principale culture des environs), vous regagnez Rhinau pour une agréable promenade au fil de l'eau. Les pêcheurs d'anguilles sont aussi de la partie, et à l'occasion d'une promenade en barque, vous découvrirez une flore et une faune aussi insolites qu'exceptionnelles. ❧

Jean Albrecht

Au Vieux Couvent à Rhinau

Loin de la route touristique des vins, presque dans une autre Alsace, celle des champs de maïs, de houblon ou de tabac, au bord du Rhin, Jean Albrecht réinvente l'esprit auberge. On a envie de rentrer chez lui pour passer un bon moment autour d'un plat ou deux, en attendant le bac qui nous emmènera de l'autre côté de la frontière.

Il se souvient qu'au Vieux Couvent, il y a seulement quelques années, les pêcheurs du Rhin apportaient leur prise pour la faire préparer et la manger accompagnée d'une bonne bouteille. Il y avait une ambiance de guinguette et c'est un peu en souvenir qu'il propose à sa clientèle des perchettes en friture, merveilleuses de fraîcheur, servies simplement avec une salade de roquette, ou une salade de sandre et écrevisses à la façon des pêcheurs. Aujourd'hui, les quelques survivants de la pêche professionnelle sur le fleuve connaissent bien Jean Albrecht et viennent lui vendre leurs plus belles prises, afin qu'il exprime magistralement le terroir dans sa matelote à l'alsacienne, son fritot d'anguilles aux herbes et coulis de betteraves rouges.

Pâté chaud de mignons de veau et de porc

Pour 4 personnes

2 oignons • 2 noix de beurre • 20 cl de lait • 6 tranches de pain • 2 œufs • 10 cl de pinot noir • 5 cl de madère • 1 c. à s. de persil haché • 400 g de filet mignon de veau paré (conserver les parures) • 400 g de filet mignon de porc paré (conserver les parures) • 1 kg de pommes de terre • sel, poivre

Préparation : 50 mn - Cuisson : 35 mn

1 - La veille :
Éplucher et hacher les oignons. Les faire revenir à la poêle avec une noix de beurre, sans les laisser colorer. Dans une casserole, faire bouillir le lait.
Émietter la mie du pain dans un saladier. Verser dessus le lait bouillant. La laisser s'imbiber quelques minutes, puis après l'avoir légèrement pressée, la mettre dans un robot avec les parures des viandes. Mixer le tout, puis ajouter les oignons, les œufs entiers, le pinot noir, le madère et le persil. Assaisonner et bien mélanger.
2 - Couper les filets mignons de veau et de porc en petits dés de 1 centimètre. Les déposer au fond d'un plat et les recouvrir du mélange précédent. Laisser mariner le tout au réfrigérateur pendant 12 heures.
3 - Le jour même :
Éplucher et laver les pommes de terre. Les couper en très fines lamelles dans le sens de la longueur. Sur quatre assiettes, tendre un film alimentaire en rabattant les bords sous les assiettes. Disposer dessus les longues lamelles de pommes de terre en leur donnant la forme de fleur en les faisant se chevaucher. Passer les assiettes au four à micro-ondes pendant 2 minutes. Cette opération a pour but de faire coller les pommes de terre ensemble et de les précuire. Détacher le film recouvert de pommes de terre des assiettes et tasser les « napperons » obtenus (sans enlever le papier film) dans quatre cercles de 10 centimètres de diamètre, en laissant dépasser les bords du film. Répartir les viandes marinées dans ces cercles et rabattre les bords du papier film de manière à refermer chaque mini-pâté. Bien les presser pour qu'ils prennent la forme du cercle. Retirer délicatement le cercle, puis le papier film.
4 - Faire revenir les pâtés à la poêle avec une noix de beurre. Commencer par le plus joli côté, puis les retourner avec précaution pour saisir l'autre côté.
5 - Avant de servir :
Préchauffer le four à 180 °C (th. 6). Passer les pâtés au four pendant 15 minutes. Ce plat peut être accompagné d'une salade verte. ❧

Vin conseillé : alsace pinot noir, rosé.

Salade de sandre
et écrevisses à la façon des pêcheurs

Pour 4 personnes

16 écrevisses vivantes • 12 asperges • 4 feuilles de salade • 4 champignons de Paris • 1/2 citron • 2 tomates • 1 avocat • 40 cl de fumet de poisson • 1 verre de vin blanc • 4 escalopes de sandre de 150 g chacune • sel, poivre
Pour le court-bouillon : 2 carottes • 1 oignon • 1 c. à s. de persil haché • 5 cl de vinaigre blanc • 1 feuille de laurier • 1 branche de thym
Pour la mayonnaise : 1 jaune d'œuf • 1 c. à c. de moutarde de Dijon • 5 cl de vinaigre de Xérès • 15 cl d'huile de tournesol

Préparation : 1 h - Cuisson : 50 mn

1 - Court-bouillon :
Éplucher, laver, puis couper grossièrement les carottes et l'oignon. Dans une sauteuse, porter 1 litre d'eau et le vinaigre à ébullition. Ajouter tous les ingrédients. Assaisonner et laisser cuire pendant 20 minutes.

2 - Retirer le boyau intestinal des écrevisses. Pour cela, tirer sur l'écaille centrale de la queue en effectuant un quart de tour pour extraire ce boyau. Plonger les écrevisses dans le court-bouillon en ébullition. Laisser cuire sur feu vif pendant 10 minutes. Égoutter.

3 - Éplucher et laver les asperges. Les cuire à l'eau bouillante salée pendant 10 à 15 minutes. Lorsque les asperges sont cuites, mais encore croquantes, les rafraîchir sous l'eau froide, puis les égoutter. Réserver au frais.

4 - Mayonnaise :
Dans un bol, mettre le jaune d'œuf avec la moutarde et le vinaigre. Assaisonner et fouetter rapidement le tout. Continuer de battre et incorporer l'huile petit à petit. Lorsque la mayonnaise est terminée, ajouter 2 cuillerées à soupe d'eau bouillante afin de la stabiliser. Réserver dans une saucière à température ambiante.

5 - Laver, puis égoutter la salade. Laver et couper les champignons en fines lamelles. Verser dessus le jus du demi-citron pour éviter qu'ils ne noircissent. Plonger les tomates dans une casserole d'eau bouillante pendant environ 30 secondes, puis les peler. Les couper en quartiers et les épépiner. Peler et détailler l'avocat en douze tranches.

6 - Dans une sauteuse, porter à ébullition le fumet de poisson et le vin blanc. Y faire pocher le sandre pendant 4 à 6 minutes.

7 - Avant de servir :
Dans les assiettes, répartir la salade, les champignons, les tomates, l'avocat, les asperges et les écrevisses. Disposer le sandre tiède dessus. Servir avec la mayonnaise. ❧

Vin conseillé : alsace pinot, blanc.

Galette d'asperges vertes farcie au foie gras

POUR 4 PERSONNES

32 asperges vertes • 16 fines tranches de foie gras cuit (d'environ 30 g chacune) • sel, poivre
Pour la vinaigrette : 1 c. à s. de moutarde • 10 c. à s. d'huile d'olive • 3 c. à s. de vinaigre balsamique • 2 c. à s. de vinaigre de cidre

PRÉPARATION : 45 MN - CUISSON : 15 MN

1 - Éplucher la base des asperges vertes. Les laver soigneusement, puis les couper en petites rondelles. Garder les pointes entières sur 6 centimètres. Plonger toutes les asperges dans une grande casserole d'eau bouillante salée, de façon à ce qu'elles soient complètement immergées.
À la reprise de l'ébullition, laisser cuire sur feu vif pendant 10 à 15 minutes. Lorsque les asperges sont cuites, mais encore croquantes, les rafraîchir sous l'eau froide, puis les égoutter. Les passer au réfrigérateur quelques minutes afin de les faire refroidir rapidement.
Couper les pointes d'asperges en deux dans le sens de la longueur. Réserver.

2 - MONTAGE DES GALETTES :
Déposer un cercle à pâtisserie de 10 centimètres de diamètre sur une assiette et en tapisser le fond avec les rondelles d'asperges. Disposer ensuite 4 fines tranches de foie gras et terminer en répartissant les pointes d'asperges sur le dessus. Retirer le cercle à tarte et procéder de la même façon pour les trois autres assiettes. Réserver les assiettes au réfrigérateur pendant au moins 1 heure.

3 - VINAIGRETTE :
Dans un bol, mélanger la moutarde et l'huile d'olive. Ajouter le vinaigre balsamique, puis le vinaigre de cidre. Assaisonner de sel et de poivre.

4 - AVANT DE SERVIR :
Sortir les galettes d'asperges du réfrigérateur. Napper les assiettes et les galettes avec la vinaigrette. Servir très frais.

VIN CONSEILLÉ : ALSACE TOKAY-PINOT GRIS, BLANC.

Matelote à l'alsacienne, sauce au riesling

Pour 4 personnes

2 kg de poissons écaillés et vidés (anguille, brochet, tanche, sandre, perche, truite) • 3 c. à s. d'huile d'arachide • 2 échalotes • 1 oignon • 170 g de beurre • 1/2 l de riesling • 1 l de fumet de poisson • 20 cl de crème épaisse • 1 pincée de noix muscade • 250 g de champignons de Paris • 1/2 citron • 1 branche de persil • 1 branche de cerfeuil • sel, poivre

Préparation : 40 mn - Cuisson : 1 h 00

1 - Laver tous les poissons, puis les couper en tronçons. Les saler légèrement. Dans une cocotte, faire chauffer l'huile et cuire les tronçons d'anguille pendant 5 minutes, sur feu moyen. Baisser le feu, ajouter les darnes de brochet et de tanche et laisser cuire 3 minutes. Ajouter les autres poissons. Couvrir la cocotte et laisser cuire doucement sans laisser bouillir pendant encore 10 minutes. Dresser les poissons dans un plat à gratin. Couvrir d'une feuille de papier aluminium et réserver.

2 - Éplucher et hacher les échalotes et l'oignon. Les faire revenir dans une sauteuse avec 10 g de beurre, jusqu'à légère coloration. Ajouter le riesling et bien mélanger le tout avec une cuillère en bois, afin de décoller les sucs de cuisson restés au fond de la sauteuse. Laisser réduire de moitié, puis ajouter le fumet de poisson.

Continuer la cuisson, sans laisser bouillir, jusqu'à obtention de 10 centilitres de liquide. Passer alors ce jus au chinois et y ajouter la crème. Cuire à feu doux encore quelques instants pour que la sauce épaississe un peu.

Hors du feu, ajouter petit à petit et en fouettant sans arrêt 150 g de beurre coupé en petites parcelles. Assaisonner de sel, poivre et noix muscade. Réserver la sauce au bain-marie.

3 - Nettoyer les champignons, puis les couper en fines lamelles. Les mettre dans une poêle et les arroser rapidement avec le jus du demi-citron pour éviter qu'ils ne noircissent. Ajouter 10 g de beurre et les faire revenir à feu vif pendant 5 minutes environ, en les remuant de temps en temps.

4 - Laver le persil et le cerfeuil. Les égoutter sur du papier absorbant, puis les hacher.

5 - Avant de servir :

Préchauffer le four à 240 °C (th. 8). Réchauffer les poissons au four pendant quelques minutes. Servir aussitôt avec la sauce et décorer de persil et de cerfeuil hachés. Ce plat peut être accompagné de pâtes fraîches. ❧

Vin conseillé : Alsace riesling, blanc.

Saumon à l'unilatérale, ficelles à l'alsacienne

POUR 4 PERSONNES

400 g de choucroute • 1 oignon • 1 c. à s. de graisse d'oie • 10 cl de riesling • quelques baies de genièvre • 150 g de lard fumé coupé en petits dés • 2 noix de beurre • 4 escalopes de saumon avec la peau de 150 g chacune • sel, poivre

Pour la pâte à crêpes : 2 œufs • 80 g de farine • 1 pincée de sel • 1 pincée de poivre • 25 cl de lait • 1 c. à s. de beurre fondu

Pour la sauce : 3 échalotes • 5 cl de vinaigre blanc • 5 cl de crème fraîche • 100 g de beurre • 1 c. à s. de moutarde forte • 1 c. à s. de moutarde à l'ancienne

PRÉPARATION : 45 MN - CUISSON : 1 H 10

1 - PÂTE À CRÊPES :

Casser et battre les œufs dans un saladier. Tout en fouettant, incorporer la farine, le sel, le poivre, le beurre, puis le lait. Laisser reposer au frais pendant une heure.

Faire chauffer une poêle légèrement huilée ou beurrée et y confectionner huit crêpes.

2 - Rincer la choucroute à l'eau courante, puis l'égoutter. Éplucher et couper finement l'oignon. Dans une sauteuse, faire chauffer la graisse d'oie et y faire revenir l'oignon pendant quelques minutes.

Ajouter la choucroute, le riesling, les baies de genièvre, les dés de lard fumé et un peu d'eau. Assaisonner et laisser mijoter 45 minutes en surveillant que la choucroute n'attache pas.

3 - Farcir les crêpes avec la choucroute, en leur donnant la forme de rouleaux. Réserver.

4 - SAUCE :

Éplucher et hacher les échalotes. Les mettre dans une casserole avec 10 centilitres d'eau et le vinaigre. Laisser réduire le tout jusqu'à ce que le liquide ait presque entièrement disparu. Incorporer alors la crème et porter à ébullition pendant 1 minute. Retirer du feu et ajouter petit à petit et en fouettant sans arrêt le beurre coupé en petites parcelles. Porter à nouveau à ébullition, puis passer la sauce au chinois fin. La verser dans un récipient au bain-marie, puis incorporer les deux moutardes. Assaisonner et réserver au chaud.

5 - Dans une poêle anti adhésive, faire fondre une noix de beurre et y déposer les crêpes farcies. Couvrir et laisser réchauffer doucement.

6 - Laisser fondre une noix de beurre dans une autre poêle anti adhésive et y déposer les escalopes de saumon, côté peau. Cuire doucement pendant 10 minutes environ.

7 - AVANT DE SERVIR :

Dresser une escalope de saumon et deux crêpes farcies à la choucroute dans chaque assiette. Napper avec la sauce. Servir aussitôt.

VIN CONSEILLÉ : ALSACE SYLVANER, BLANC.

Poupeton de lièvre à la royale

POUR 4 PERSONNES

1/2 lièvre de 2 kg (le sang conservé), désossé et vidé • 1 oignon • 2 échalotes • 1 carotte • quelques grains de poivre • 3 clous de girofle • persil, laurier, thym, baies de genièvre • 60 cl de vin rouge • 1 verre d'eau-de-vie • 2 noix de beurre • 2 c. à s. d'huile d'arachide • 1 c. à s. de farine • 2 cl de cognac • 4 belles feuilles de chou frisé • 50 g de foie gras cru salé et poivré • sel, poivre

PRÉPARATION : 55 MN - CUISSON : 4 H

1 - LA VEILLE :
Couper le lièvre en petits morceaux. Éplucher et hacher l'oignon et les échalotes. Éplucher, laver et couper la carotte en rondelles. Mettre les morceaux de lièvre dans un plat avec l'oignon, les échalotes, la carotte, le poivre, les clous de girofle, le persil, le laurier, le thym et les baies de genièvre. Verser 50 centilitres de vin rouge et l'eau-de-vie. Laisser mariner au frais pendant 24 heures.

2 - LE JOUR MÊME :
Égoutter, puis éponger rapidement les morceaux de viande dans du papier absorbant (conserver la marinade). Dans une cocotte, sur feu vif, faire chauffer l'huile et le beurre et y faire revenir la viande sur toutes les faces. Saupoudrer avec la farine, mélanger, puis flamber au cognac. Verser le vin rouge restant et bien mélanger. Ajouter le bouquet garni et toute la marinade. Porter à ébullition, assaisonner, puis laisser cuire doucement pendant 1 heure 30.

3 - Retirer le bouquet garni de la cocotte et y ajouter le sang du lièvre. Continuer la cuisson sur feu doux pendant 2 heures environ. Retirer les morceaux de civet de la cocotte et réserver. Laisser réduire le jus jusqu'à consistance sirupeuse. Passer au chinois.

4 - Cuire les feuilles de chou à l'eau bouillante salée pendant 10 minutes. Les rafraîchir immédiatement dans de l'eau glacée pour leur conserver une belle couleur verte. Les égoutter.

5 - Couper le foie gras en quatre morceaux de même taille. Beurrer quatre ramequins en aluminium. Arranger une feuille de chou au fond de chaque ramequin, en la laissant déborder sur les côtés. Garnir d'un peu de civet et de sauce. Déposer un morceau de foie gras au centre et recouvrir du restant de civet très chaud. Refermer les feuilles de chou.

6 - AVANT DE SERVIR :
Réchauffer les ramequins au bain-marie. Les démouler au centre des assiettes et servir aussitôt. Ce plat peut être accompagné de petits oignons grelots, de lardons, de champignons de Paris et de pâtes fraîches.

VIN CONSEILLÉ : ALSACE PINOT NOIR, ROUGE.

Tourte faisane

Pour 4 personnes

1 jeune poule faisane désossée (conserver les os) • 250 g d'épaule de porc • 4 échalotes • 1/2 botte de persil • 1/2 botte de ciboulette • 5 cl de madère • 5 cl de riesling • 300 g de pâte feuilletée • 15 cl de crème fraîche • 3 jaunes d'œufs • sel, poivre
Pour la sauce : 1 oignon • 1 gousse d'ail • 2 carottes • 1 branche de céleri • 1 poireau • thym, laurier • 40 g de beurre • 1/2 l de riesling

Préparation : 1 h 15 - Cuisson : 2 h 25

1 - La veille :
Couper la poule faisane et l'épaule de porc en petits dés. Éplucher et hacher les échalotes. Laver, égoutter, puis hacher le persil et la ciboulette. Déposer les dés de faisan et de porc dans un plat avec les échalotes et les herbes hachées. Recouvrir avec le madère et le riesling. Assaisonner et laisser mariner au frais pendant 12 heures.

2 - Le jour même :
Préparer la sauce : éplucher et hacher l'oignon et la gousse d'ail. Éplucher, laver et couper les carottes en petits dés. Laver et couper le céleri et le poireau en fines rondelles. Dans une sauteuse, faire fondre 10 g de beurre et y faire revenir les os de faisan ainsi que tous les légumes, le thym et le laurier. Ajouter le riesling et 1/2 litre d'eau. Bien mélanger et laisser mijoter pendant 1 heure 30. Passer la sauce au chinois, puis laisser réduire jusqu'à obtention de 15 centilitres. Passer de nouveau au chinois. Remettre sur feu très doux, puis ajouter petit à petit et en fouettant sans arrêt 30 g de beurre dur coupé en petites parcelles. Assaisonner et réserver au bain-marie.

3 - Préchauffer le four à 200 °C (th. 7). Égoutter les viandes marinées. À l'aide d'un rouleau à pâtisserie, étaler la pâte feuilletée en deux ronds. Garnir un moule à tarte de 18 centimètres de diamètre d'un des ronds de pâte. Répartir les dés de faisan et de porc au fond de la tarte. Recouvrir avec l'autre rond de pâte et souder les bords en les humidifiant avec un peu d'eau. Pratiquer une petite ouverture au centre de la tourte. Mélanger 5 centilitres de crème avec 1 jaune d'œuf. À l'aide d'un pinceau, badigeonner la surface de la tourte de ce mélange. Faire cuire au four pendant 30 minutes.

4 - Mélanger la crème et les 2 jaunes d'œufs restants. Assaisonner de sel et de poivre. Sortir rapidement la tourte du four, puis y verser ce mélange par l'ouverture centrale. Réenfourner et continuer la cuisson pendant 15 minutes.

5 - Servir la tourte dès la sortie du four, accompagnée de la sauce en saucière. ❧

Vin conseillé : Alsace riesling, blanc.

Streusel de bananes flambées
à l'eau-de-vie d'Alsace

Pour 4 personnes

50 g de sucre • 9 cl de kirsch • 12 à 16 biscuits à la cuillère • 50 g de beurre • 2 c. à s. de miel • 4 bananes
Pour le streusel : 30 g de beurre • 35 g de farine • 30 g de sucre • 40 g d'amandes en poudre • 1/2 c. à c. de cannelle en poudre
Pour la crème anglaise : 1/2 gousse de vanille • 25 cl de lait • 3 jaunes d'œufs • 50 g de sucre

Préparation : 40 mn - Cuisson : 30 mn

1 - Pâte à streusel :
Dans un saladier, ramollir le beurre en pommade. Y ajouter la farine, le sucre, la poudre d'amandes et la cannelle. Bien mélanger, puis réserver au frais.
2 - Porter à ébullition le sucre avec 4 cuillerées à soupe d'eau. Laisser refroidir, puis ajouter 4 cuillerées à soupe de kirsch. À l'aide d'un pinceau, imbiber le côté plat des biscuits à la cuillère avec ce sirop.
3 - Crème anglaise :
Fendre la gousse de vanille dans le sens de la longueur et en extraire les petites graines. Mettre le lait avec les petites graines de vanille dans une casserole et porter à ébullition. Laisser infuser sur le coin du feu. Dans une jatte, fouetter les jaunes d'œufs avec le sucre jusqu'à ce que le mélange soit crémeux. Verser dessus le lait bouillant tout en continuant de fouetter. Placer ce mélange dans un récipient au bain-marie, sur feu moyen, et faire cuire jusqu'à épaississement en remuant constamment mais doucement à l'aide d'une cuillère en bois. La crème est cuite lorsqu'elle nappe la cuillère, c'est-à-dire lorsqu'en tirant un trait avec le doigt sur la cuillère recouverte de crème les deux bords de la crème se séparent très nettement. Réserver au réfrigérateur.
4 - Éplucher et couper les bananes en fines rondelles. Dans une sauteuse, porter à ébullition le miel et le beurre. Laisser cuire doucement pendant 5 minutes, puis ajouter les rondelles de bananes. Laisser cuire sur feu doux pendant 5 minutes environ de chaque côté. Arroser avec le restant de kirsch et flamber aussitôt. Réserver.
5 - Disposer quatre cercles à pâtisserie de 10 centimètres de diamètre sur la plaque du four. Répartir les biscuits à la cuillère dans le fond de chaque cercle. Poser ensuite les rondelles de bananes sur le dessus des biscuits et recouvrir le tout de *streusel* émietté.
6 - Avant de servir :
Préchauffer le four à 180 °C (th. 6). Enfourner la plaque et cuire les *streusel* pendant 15 minutes. Sortir la plaque du four et ôter les cercles à pâtisserie. Servir les *streusel* tièdes sur assiette, accompagnés de crème anglaise. ❧

Vin conseillé : Alsace grand cru gewurztraminer, blanc.

Tarte aux quetsches séchées

Pour 4 personnes

500 g de quetsches séchées (ou pruneaux) • 100 g de sucre • 1 étoile de badiane • 1/2 l de pinot noir d'Alsace • 350 g de pâte feuilletée • 4 c. à s. d'eau-de-vie de quetsches

Préparation : 45 mn - Cuisson : 55 mn

1 - Dans une casserole, réunir les quetsches, le sucre et l'étoile de badiane. Arroser avec le pinot noir d'Alsace et laisser cuire pendant 15 minutes. Laisser refroidir. Retirer les quetsches de la casserole à l'aide d'une écumoire. Les dénoyauter, puis les passer au hachoir muni d'une grille fine. Faire réduire le vin resté dans la casserole jusqu'à obtention d'une concentration de 10 centilitres de liquide. Passer cette réduction au chinois, puis mélanger avec les quetsches hachées et l'eau-de-vie.
2 - Préchauffer le four à 180 °C (th. 6). Étaler 250 g de pâte feuilletée. En garnir un moule à tarte de 20 centimètres de diamètre (ou quatre petits moules individuels) et y verser la préparation aux quetsches. Étaler les 100 g de pâte feuilletée restante sur un plan de travail et confectionner des bandelettes suffisamment longues pour couvrir la tarte. Les disposer en croisillons sur le dessus.
3 - Cuire la tarte au four pendant 30 minutes. La sortir et la démouler, puis la laisser refroidir avant de la servir. ❧

Pinot noir : quand on pense aux vins d'Alsace, on pense naturellement aux vins blancs. Le pinot noir est le seul cépage rouge alsacien, surtout connu pour ses vins rosés. Largement répandu au Moyen Âge, il avait pratiquement disparu. Il occupe aujourd'hui 7,5 % du vignoble alsacien. Charpenté en bouche, il accompagne aussi bien les viandes blanches ou rouges que les poissons. Aujourd'hui le rouge se développe, ce qui permet d'obtenir des pinots noirs plus racés. À servir frais (8-9 °C pour les rosés et 15 °C pour les rouges.) ❧

Vin conseillé : Alsace Gewurztraminer, vendanges tardives, blanc.

Aumônières à la rhubarbe

POUR 4 PERSONNES

1 kg de rhubarbe • 300 g de sucre • glace à la vanille
Pour la pâte à crêpes : 3 œufs • 175 g de farine • 50 g de sucre • 1 pincée de sel • 40 cl de lait • 2 c. à s. de beurre fondu • 2 c. à s. de kirsch
Pour le coulis de fraises : 500 g de fraises • 250 g de sucre • 1 citron
Pour la crème pâtissière : 1 gousse de vanille • 25 cl de lait • 3 jaunes d'œufs • 85 g de sucre • 25 g de farine

PRÉPARATION : 1 H - CUISSON : 40 MN

1 - PÂTE À CRÊPES :
Casser, puis battre les œufs dans un saladier. Tout en continuant de fouetter, incorporer la farine, le sucre, le sel, le lait, le beurre, puis le kirsch. Laisser reposer au frais pendant 1 heure.
Faire chauffer une poêle légèrement huilée ou beurrée et y confectionner cinq crêpes. Dans une des crêpes, tailler quatre fines lanières. Réserver.

2 - COULIS DE FRAISES :
Laver, égoutter, puis équeuter les fraises. Les mixer avec le sucre et le jus de citron. Passer le tout au chinois. Si besoin, rajouter du sucre et du citron. Réserver au frais.

3 - Laver les tiges de rhubarbe, les éplucher, puis les détailler en petits tronçons. Mettre le sucre dans une casserole avec 10 centilitres d'eau et porter à ébullition. Ajouter la rhubarbe et laisser cuire sur feu doux pendant 20 minutes. Remuer souvent à l'aide d'une cuillère en bois. Égoutter la rhubarbe et réserver.

4 - CRÈME PÂTISSIÈRE :
Fendre la gousse de vanille dans le sens de la longueur et en extraire les petites graines. Verser le lait avec les petites graines de vanille dans une casserole et porter à ébullition. Laisser infuser sur le coin du feu. Dans un saladier, fouetter les jaunes d'œufs avec le sucre jusqu'à ce que le mélange soit crémeux. Incorporer la farine. Lorsque le mélange est lisse, ajouter le lait bouillant tout en continuant de fouetter. Verser le tout dans une casserole et laisser cuire sur feu moyen pendant 2 minutes, sans cesser de remuer. Retirer du feu et ajouter la rhubarbe.

5 - Préchauffer le four à 240 °C (th. 8). Déposer quelques cuillerées à soupe de crème pâtissière au centre de chaque crêpe, puis refermer celles-ci en aumônières en les ficelant à l'aide d'une lanière de crêpe. Disposer les aumônières sur la plaque du four.

6 - AVANT DE SERVIR :
Réchauffer les crêpes au four. Napper les assiettes de coulis de fraises. Disposer une aumônière par assiette ainsi qu'une quenelle de glace à la vanille. ❧

VIN CONSEILLÉ : ALSACE GRAND CRU GEWURZTRAMINER, BLANC.

L'oie et le foie gras

L'oie est l'animal symbolique de la gastronomie alsacienne. Sa physionomie rassurante donne un air d'opulence à sa région adoptive qui a su donner à son foie toutes les lettres de noblesse.

L'oie d'Alsace est un volatile de petite taille issue de croisements variés dont le but fut d'obtenir un bon développement des organes intérieurs et du cou, afin de permettre un gavage plus aisé. Déjà, au 15e siècle, le gavage des oies était couramment pratiqué et les autorités veillaient à ce qu'il soit effectué dans de bonnes conditions. Traditionnellement, au début du mois d'octobre, le *messti* donnait le signal du début de la campagne de gavage.

Les femmes du Kochersberg excellaient particulièrement dans l'art du gavage des oies. Les animaux, entravés dans un petit enclos, étaient nourris à longueur de journée de fèves, de blé et de maïs étuvé. Au début du siècle, les oies des villages agricoles de la plaine d'Alsace, engraissées dans les immenses fermes de Schiltigheim, Bischheim et Hoenheim représentaient sans conteste le fleuron dc l'industrie strasbourgeoise.

Aujourd'hui, les éleveurs d'oies se sont raréfiés, les conserveries regroupées et les pays de l'Est envoient aux Alsaciens le foie gras dit « de Strasbourg » qui permet de maintenir une tradition bien ancrée, surtout pendant les fêtes de fin d'année.

Petite histoire du foie gras

L'art de gaver les oies, déjà pratiqué par les Égyptiens se perpétua au fil des siècles. Les cuisiniers de Rome engraissaient les oies à l'aide de petites boulettes de figues sèches broyées et trempées dans l'eau. Les cuisiniers européens et surtout italiens retrouvèrent au 16e siècle le goût du foie gras qui provenait le plus souvent d'élevage de paysans juifs. C'est au 18e siècle que la recette telle que nous la connaissons aujourd'hui fut mise au point par Jean-Pierre Clause, cuisinier au service du maréchal de Contades, gouverneur militaire de Strasbourg. Il confectionna un pâté avec un foie gras entier entouré d'une farce de veau et de lard finement haché, cuit en croûte. Cette préparation fut présentée à la cour de Louis XVI et connût dès lors un succès jamais démenti. Après la Révolution, Nicolas-François Doyen, ancien cuisinier à Bordeaux, proposa à Jean-Pierre Clause de marier la truffe et le foie gras. Pour reprendre la formule d'Alexandre Dumas, le foie gras devint « le roi des pâtés ».

Les oies qui autrefois circulaient librement dans les rues de Strasbourg font toujours partie de l'imagerie alsacienne.

CONSERVATION

• On appelle foie gras frais, un foie cuit à cœur à une température d'environ 65 à 70 °C. Les fabricants le présentent souvent dans des terrines de porcelaine, en bocal de verre ou sous forme de ballotine. En fonction des préparations, le foie gras frais se conserve de une à trois semaines.

• Le foie gras mi-cuit est une semi-conserve qui a été pasteurisée à une température de 70 à 80 °C selon le fabricant. Afin de garantir tout le moelleux et la fraîcheur que lui confère ce mode de cuisson, le foie gras mi-cuit doit être conservé à une température de 2 °C. Il peut se garder ainsi plusieurs semaines.

• Le foie gras en conserve est stérilisé en autoclave à une température supérieur à 100 °C. Cette appertisation permet de conserver le foie gras plusieurs années. ❦

DANS LA CUISINE

• Un foie gras d'oie pèse entre 700 g et 1 kg. Il est à préférer à celui du canard si il est acheté en conserve, car il perd moins facilement sa graisse.

• Les toasts de pain de mie sont à proscrire, au profit du pain de campagne au levain, légèrement grillé (plus acide et au mariage plus harmonieux).

• Le foie gras d'oie peut se manger cru. Il faut alors le détailler en très fines lamelles, le saupoudrer de fleur de sel de Guérande et d'un peu de poivre concassé quelques minutes avant de le servir et surtout le sortir du réfrigérateur afin qu'il exprime toute sa saveur.

• Le foie gras d'oie poêlé s'associe à tous les fruits acides, en particulier aux fruits rouges, aux pommes, à certains fruits exotiques, mais aussi à la rhubarbe.

• Pour conserver quelques jours un foie gras entamé, ne pas oublier d'enduire la tranche avec une huile à la saveur la plus neutre possible. ❦

LE GAVAGE DES OIES

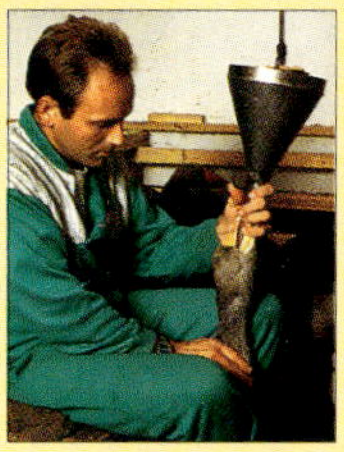

Pour obtenir un bon foie gras l'éleveur évite tous les stress à l'animal.

Le gavage est une technique ancienne, issue de l'observation des oies sauvages qui se gavent avant leurs longs voyages d'automne et de printemps.
La nourriture est constituée de maïs égrené, bouilli et additionné de graisse, mais aussi de sel et de ferments lactiques.
L'oie est gavée à partir de sa quatorzième semaine, deux à trois fois par jour, avec une grande dextérité. L'éleveur surveille le seuil de satiété des animaux et la douceur des manipulations qui auront des conséquences sur la qualité du foie gras obtenu. ❦

À la fête de l'Amitié

Au cœur d'un vignoble réputé, Rouffach est une ancienne cité médiévale dont vous découvrirez tous les charmes à l'occasion d'une promenade pédestre. À la belle saison et en particulier pendant le grand week-end de l'Ascension, ne manquez pas la foire européenne du Pain, du Vin et du Fromage biologiques, qui se tient chaque année sur la place de l'église.

Dirigez-vous ensuite vers le joli bourg de Westhalen, réputé pour ses fontaines et ses maisons anciennes. La place centrale est le point de ralliement de nombreux sentiers viticoles qui sillonnent les collines avoisinantes. Cette région jouit d'un climat tout à fait particulier et l'on y trouve une flore et une faune méditerranéennes. En été, les cigales guident vos pas vers des domaines que les vignerons vous feront volontiers découvrir. Vous visitez leur cave, prétexte bien sûr d'une superbe dégustation de grands crus comme le zinkoepflé, la vorbourg ou encore le steinert.

À Soultzmatt, village-rue s'étirant dans la vallée de l'Ohmbach, le sentier viticole de la « vallée Noble » vous entraîne sur les flanc du Zinnkoepflé. Vous admirez un vignoble où le gewurztraminer règne en maître incontesté.

De retour en ville, vous goûtez les eaux minérales de Soultzmatt, recommandées pour leurs vertus digestives. En direction d'Osenbach, vous profitez d'une vue splendide sur le Petit et la Grand Ballon et sur leurs belles forêts de sapins. Gueberschwihr est l'un des plus beaux sites d'une région toute entière vouée aux vignobles. Lors de la fête de l'Amitié, qui se déroule l'avant-dernier week-end du mois août, vous pourrez visiter des caves ancestrales où mûrit le bon vin d'Alsace. ❧

Philippe Bohrer

Chez Philippe Bohrer à Rouffach

- *Presskopf de queues d'écrevisses*
- *Tartare de carpe*
- *Fine soupe de grenouilles*
- *Jambon de cochon de lait*
- *Brochet aux navets salés*
- *Pressée d'anguille à la bière*
- *Sandre rôti au gewurztraminer*
- *Coquelets du Ried au cumin*
- *Confit de cuisses de canard*
- *Nage de fruits rouges et noirs*

Installé à la sortie de la petite ville au pied des vignes, le restaurant de Philippe Bohrer est bien connu de la population locale. On y vient pour fêter tous les événements importants d'une vie : le baptême, la communion, le mariage. C'est aussi le lieu où beaucoup de vignerons viennent faire déguster leurs vins, autour d'un vrai repas alsacien.

Philippe était parti faire ses classes chez les plus grands. Revenu au pays, l'enfant prodigue de la gastronomie sait régaler tous ses convives qui sont des habitués de l'établissement familial. Sans bousculer les habitudes, il a su donner à sa cuisine quelques touches de modernité et d'innovation pour transporter les palais dans un voyage qui dépasse les frontières alsaciennes.

C'est ainsi qu'il n'hésite pas à faire appel à quelques saveurs méditerranéennes qui se marient adroitement avec les plats traditionnels de la cuisine alsacienne. Le sandre au gewurz est accompagné de beignets de basilic, la côte de cochon fourrée au foie gras est servie avec de gros macaronis farcis et les escargots au gewurz sont présentés en tian, avec une pomme d'amour confite.

Presskopf de queues d'écrevisses et foie gras aux herbes

POUR 1 TERRINE

30 g de haricots verts • 2 carottes fanes • 50 g de petits pois • 50 g de girolles fraîches • 50 cl de fumet d'écrevisses (ou de poisson) • 2 c. à s. de pastis • 10 écrevisses • 4 feuilles de gélatine • 2 branches de cerfeuil • quelques brins de ciboulette • 200 g de foie gras cuit • sel, poivre

PRÉPARATION : 1 H 45 - CUISSON : 30 MN

1 - Équeuter et laver les haricots verts. Éplucher, puis laver les carottes. Écosser les petits pois. Nettoyer soigneusement les girolles. Cuire séparément tous les légumes dans l'eau bouillante salée. Les conserver croquants. Les égoutter, puis les réserver au frais.

2 - Verser le fumet d'écrevisses et le pastis dans une sauteuse et porter le tout à ébullition. Assaisonner de sel et de poivre. Retirer le boyau intestinal des écrevisses. Pour cela, tirer sur l'écaille centrale de la queue en effectuant un quart de tour pour l'extraire.

Plonger les écrevisses dans la sauteuse contenant le fumet en ébullition. Laisser cuire 2 minutes après la reprise de l'ébullition. Éteindre le feu, égoutter les écrevisses, puis les décortiquer.

3 - Faire tremper les feuilles de gélatine dans un bol d'eau froide pendant quelques minutes pour les faire ramollir. Remettre le fumet d'écrevisses sur le feu et laisser réduire de moitié. Incorporer alors les feuilles de gélatine soigneusement égouttées. Bien mélanger le tout jusqu'à dissolution complète de la gélatine. Porter à ébullition, puis retirer du feu. Passer au chinois et rectifier l'assaisonnement. Verser une partie de ce liquide au fond d'une terrine et placer celle-ci au réfrigérateur jusqu'à ce que la gelée prenne complètement.

4 - Laver, puis égoutter le cerfeuil et la ciboulette sur du papier absorbant. Les couper finement. Détailler le foie gras en petits dés.

5 - Sortir la terrine du réfrigérateur et disposer la moitié des petits légumes sur la couche de gelée. Ajouter ensuite les queues d'écrevisses, les dés de foie gras, les herbes et terminer par l'autre moitié des légumes. Recouvrir avec la gelée restante (si la gelée s'est solidifiée, la faire fondre dans un bain-marie d'eau tiède). Poser une petite planche par-dessus pour compresser la terrine. Réserver au réfrigérateur pendant 6 heures.

6 - AVANT DE SERVIR :

Tremper le fond de la terrine dans de l'eau très chaude pour la démouler facilement. La déposer sur un plat de service, puis la trancher. Servir très frais. ❧

VIN CONSEILLÉ : ALSACE RIESLING, BLANC.

Tartare de carpe
et laitances au vinaigre

POUR 4 PERSONNES

100 g de poivre en grains • 1 kg de gros sel • 900 g de sucre • 2 filets de carpe de 200 g chacun • 1 branche de persil • quelques brins de ciboulette • 2 c. à s. de moutarde à l'ancienne • 1 c. à c. de vinaigre de Xérès • 2 c. à s. de crème fleurette • sel, poivre
Pour les laitances : 2 laitances de carpe (à commander chez le poissonnier) • 1 carotte • 1 oignon • 10 cl de vinaigre blanc • 10 cl de vin blanc • 1 branche de thym • 2 feuilles de laurier
Pour les tartines : 200 g de betteraves rouges cuites • 100 g de raifort • 1 c. à c. de sucre • 1 baguette de pain

PRÉPARATION : 1 H 00 - CUISSON : 30 MN

1 - LA VEILLE :
Concasser grossièrement le poivre. Le mélanger avec le gros sel et le sucre. Déposer les filets de carpe au fond d'un grand plat creux et les recouvrir de ce mélange. Laisser reposer le tout au réfrigérateur pendant 12 heures.
2 - LE JOUR MÊME :
Déposer les laitances dans un plat creux. Éplucher, laver, puis couper finement la carotte. Éplucher et couper finement l'oignon. Verser le vinaigre et le vin dans une casserole. Y ajouter la carotte, l'oignon, le thym et le laurier. Porter à ébullition, puis verser le tout sur les laitances. Laisser refroidir à température ambiante, puis réserver au réfrigérateur pendant 2 à 3 heures.
3 - Laver, égoutter, puis hacher le persil et la ciboulette. Dans un saladier, mélanger la moutarde à l'ancienne avec le vinaigre de Xérès, la crème fleurette et les herbes hachées. Réserver cette vinaigrette.
Retirer les filets de carpe de la marinade et les essuyer très soigneusement. Les couper en petits dés et ajouter ceux-ci à la vinaigrette. Réserver au réfrigérateur.
4 - TARTINES :
Éplucher et couper grossièrement la betterave. La mettre dans un saladier avec le raifort et le sucre et mixer soigneusement le tout. Assaisonner de sel et de poivre. Réserver. Retirer les laitances de leur marinade, puis les égoutter.
Couper la baguette en fines rondelles et faire dorer celles-ci au four. Les tartiner d'une fine couche de laitances au vinaigre. À l'aide de deux cuillères, réaliser des quenelles avec le mélange à la betterave et au raifort. Les déposer sur les tranches de baguette. Réserver.

5 - AVANT DE SERVIR :
Poser un cercle 8 centimètres de diamètre sur chaque assiette, et le remplir de tartare de carpe. Ôter les cercles et servir avec les tartines tout autour. ❧

VIN CONSEILLÉ : ALSACE CHASSELAS, BLANC.

Fine soupe de grenouilles
à la livèche et flocons d'avoine

POUR 4 PERSONNES

2 échalotes • 100 g de beurre • 12 cuisses de grenouilles • 15 cl de vin blanc • 1 grosse tête d'ail • 100 g de persil • 8 feuilles de laitue lavées • 100 g de feuilles de livèche • 75 cl de bouillon de volaille • 60 cl de crème fleurette • sel, poivre

Pour les galettes d'avoine : 80 g de flocons d'avoine • 10 cl de lait • 2 œufs

PRÉPARATION : 1 H 30 - CUISSON : 40 MN

1 - LE MATIN, GALETTES D'AVOINE :
Dans une jatte, mélanger les flocons d'avoine avec le lait et les œufs. Laisser reposer au frais pendant 6 heures.

2 - Éplucher et couper finement les échalotes. Dans une sauteuse, faire fondre 15 g de beurre et y faire revenir les cuisses de grenouilles avec les échalotes pendant 2 à 3 minutes. Ajouter le vin blanc et bien mélanger. Lorsque les grenouilles sont cuites, les retirer de la sauteuse. Les laisser refroidir, puis les désosser soigneusement. Réserver séparément la chair et les os.

3 - Éplucher et hacher l'ail. Laver, égoutter, puis couper finement le persil. Dans une sauteuse, faire fondre 10 g de beurre et y faire revenir les feuilles de laitue avec la moitié des feuilles de livèche, l'ail, le persil et les os de grenouilles. Laisser colorer, puis ajouter le bouillon de volaille. Bien mélanger avec une cuillère en bois et laisser réduire des trois quarts. Retirer les os et ajouter la crème fleurette. Porter à ébullition, puis mixer soigneusement. Passer ensuite au chinois fin. Ajouter petit à petit et en fouettant sans arrêt 50 g de beurre coupé en petites parcelles. Assaisonner cette soupe.

4 - BEURRE CLARIFIÉ :
Dans une casserole, sur feu très doux, faire fondre le beurre restant. Dès qu'il est fondu, le retirer du feu. Enlever l'écume blanche qui surnage et laisser le petit lait qui s'est déposé dans le fond de la casserole. Ne conserver et n'utiliser que le beurre translucide. Réserver ce beurre clarifié au bain-marie en attendant de l'utiliser.

5 - Bien mélanger la pâte à base d'avoine. Dans une poêle, faire chauffer un peu de beurre clarifié et verser la pâte à l'avoine par petites quantités, de manière à obtenir des galettes de 5 à 6 centimètres de diamètre. Cuire toutes les galettes pendant 2 minutes de chaque côté.

6 - Couper les feuilles de livèche restantes en très fines lanières.

7 - AVANT DE SERVIR :
Mettre la chair des grenouilles dans la soupe avec les lanières de livèche. Réchauffer et servir en soupière accompagné des galettes d'avoine. ❧

VIN CONSEILLÉ : ALSACE PINOT, BLANC.

Jambon de cochon de lait au cumin

Pour 4 personnes

1 jambon de cochon de lait de 1 kg • 50 g de cumin torréfié • 400 g de carottes • 400 g de céleri-rave • 400 g de pommes de terre • 170 g de beurre • 1 l de jus de viande (ou bouillon) • 200 g de pois mange-tout • 100 g de girolles • sel, poivre

Préparation : 1 h 45 - Cuisson : 1 h 45

1 - La veille :
Enduire le jambon de cumin et le laisser reposer au réfrigérateur pendant 12 heures.

2 - Le jour même :
Éplucher, laver, puis couper les carottes en tronçons égaux. Tailler chaque tronçon de manière à tous leur donner une forme régulière et identique. Éplucher, laver, puis couper le céleri-rave et les pommes de terre en bâtonnets de même dimension et les tailler de la même façon que les carottes. Dans une sauteuse, faire fondre 100 g de beurre et y faire revenir les carottes, le céleri et les pommes de terre jusqu'à légère coloration. Ajouter alors le jus de viande (ou le bouillon de viande) et bien mélanger à l'aide d'une cuillère en bois afin de décoller les sucs de cuisson restés au fond de la sauteuse. Laisser mijoter sur feu doux pendant 30 minutes environ. Retirer du feu et réserver.

3 - Équeuter, puis laver les pois mange-tout. Les plonger dans une casserole d'eau bouillante salée pendant 5 minutes. Les égoutter soigneusement, puis les ajouter dans la sauteuse contenant les carottes, le céleri et les pommes de terre.

4 - Préchauffer le four à 180 °C (th. 6). Nettoyer soigneusement les girolles. Dans une poêle, faire fondre 20 g de beurre et y faire revenir les champignons sur feu vif pendant 5 à 10 minutes. Prendre soin de les remuer de temps en temps. Ajouter les girolles aux autres légumes et réserver au chaud.

5 - Dans une cocotte, sur feu moyen, faire fondre les 50 g de beurre restants et y faire revenir le jambon jusqu'à coloration. Mettre ensuite la cocotte au four et laisser cuire pendant 25 minutes environ, sans couvrir. Retirer la cocotte du four, la couvrir et laisser reposer pendant 10 minutes.

6 - Dresser le jambon de cochon de lait au centre d'un plat de service et l'entourer avec tous les petits légumes dans leur jus. Servir très chaud.

Vin conseillé : Alsace Tokay-Pinot gris, blanc.

Brochet aux navets salés

Pour 4 personnes

250 g de choucroute de navets salés (ou de choux) • 1 oignon • 50 g de graisse de canard • 1 l de vin blanc • 800 g de brochet (en filets) • 30 g de beurre • sel, poivre
Pour la sauce : 1,5 l de vin rouge • 4 carottes • 2 oignons • 1 tête d'ail • 20 g de céleri-rave • 6 branches de fenouil frais • 8 branches de persil • 75 g de beurre • 2 l de fumet de poisson • 75 cl de verjus (en épicerie fine) • 1 branche de thym • 1 feuille de laurier

Préparation : 1 h 40 - Cuisson : 2 h 00

1 - Rincer soigneusement et plusieurs fois la choucroute de navets dans de l'eau chaude. Bien l'égoutter. Éplucher et couper finement l'oignon. Dans une sauteuse, faire chauffer la graisse de canard et y faire revenir l'oignon jusqu'à légère coloration. Ajouter les navets salés et le vin blanc. Assaisonner de sel et de poivre, couvrir et laisser cuire sur feu doux pendant 30 à 45 minutes. En fin de cuisson, les navets doivent restés croquants. Réserver au chaud.

2 - Sauce :
Verser le vin rouge dans une casserole et laisser réduire des trois quarts.
Éplucher, laver et couper grossièrement les carottes et le céleri. Éplucher et couper finement les oignons et les gousses d'ail. Laver, puis couper le fenouil en tronçons. Laver, égoutter, puis hacher le persil. Dans une cocotte, faire fondre 50 g de beurre et y faire dorer les carottes, les oignons, l'ail, le céleri et le fenouil. Mélanger fréquemment à l'aide d'une cuillère en bois afin que tous les légumes soient bien colorés. Ajouter ensuite le fumet de poisson, le verjus, le vin rouge réduit, le persil haché, le thym et le laurier. Laisser cuire le tout jusqu'à obtention d'une consistance sirupeuse. Passer alors au chinois et ajouter petit à petit et en fouettant sans arrêt 25 g de beurre coupé en petites parcelles. Quand le beurre est fondu, réserver la sauce au bain-marie.

3 - Détailler les filets de brochet en quatre parts égales. Dans une sauteuse, faire mousser le beurre et y faire cuire les portions de brochet pendant 10 à 15 minutes sur un seul côté.

4 - Avant de servir :
Dresser un lit de choucroute de navets au centre de chaque assiette. Disposer sur le dessus une part de brochet et entourer le tout d'un filet de sauce. Servir aussitôt.

Vin conseillé : Alsace Tokay-Pinot gris, blanc.

Pressée d'anguille à la bière cuivrée et au raifort doux

POUR 4 PERSONNES

10 échalotes • 20 g de beurre • 1 anguille (en filets) • 80 cl de bière brune cuivrée • 6 feuilles de gélatine • 50 cl de fumet de poisson • sel, poivre
Pour la mousse au raifort : 25 cl de crème fleurette • 125 g de raifort en pot

PRÉPARATION : 40 MN - CUISSON : 20 MN

1 - Éplucher et couper finement les échalotes. Les mettre dans une casserole avec les filets d'anguille et 50 centilitres de bière. Assaisonner de sel et de poivre. Porter le tout à ébullition, puis laisser cuire sur feu vif pendant 5 minutes. Retirer les filets d'anguille de la sauteuse, les égoutter sur du papier absorbant, puis les déposer au fond d'une terrine en les pressant. Réserver.

2 - Faire tremper les feuilles de gélatine dans un bol d'eau froide pendant quelques minutes pour les faire ramollir. Verser la bière brune restante dans une grande casserole. Porter à ébullition et laisser frémir jusqu'à réduction de un quart. Ajouter alors le fumet de poisson et les feuilles de gélatine soigneusement égouttées. Bien mélanger le tout jusqu'à dissolution complète de la gélatine. Assaisonner de sel et de poivre. Verser ce liquide dans la terrine, sur les filets d'anguille. Laisser refroidir à température ambiante, puis conserver au réfrigérateur pendant 2 heures.

3 - MOUSSE AU RAIFORT :

Verser la crème fleurette dans un bol et placer celui-ci sur un lit de glace. Fouetter régulièrement la crème, doucement au début et plus rapidement lorsqu'elle épaissit. Arrêter de battre la crème dès qu'elle atteint une consistance suffisante pour tenir dans les branches du fouet. Incorporer alors délicatement le raifort. Assaisonner de sel et de poivre et réserver au frais.

4 - AVANT DE SERVIR :

Tremper le fond de la terrine dans de l'eau très chaude pour la démouler facilement. Déposer cette pressée d'anguille sur un plat de service, puis la trancher. Servir les tranches très froides, accompagnées de quenelles de mousse au raifort.

VIN CONSEILLÉ : ALSACE SYLVANER, BLANC.

Sandre rôti au gewurztraminer

POUR 4 PERSONNES

1 filet de sandre de 600 g avec la peau • 3 carottes • 1 céleri-rave • 100 g de champignons de Paris • 1/2 citron • 1 c. à s. d'huile d'olive • 80 g de beurre • 200 g d'épinards • huile de friture • sel, poivre

Pour la sauce épicée : 3 échalotes • 10 cl de vin blanc • 35 cl de fumet de poisson • 2 c. à c. de curry

Pour la sauce au vin blanc : 3 échalotes • 12 cl de vin blanc • 25 cl de crème fleurette

PRÉPARATION : 1 H 30 - CUISSON : 1 H 15

1 - Éplucher, laver, puis couper les carottes et le céleri en petits cubes. Nettoyer les champignons, puis les couper en petits dés. Les arroser immédiatement avec le jus du demi-citron afin qu'ils ne noircissent pas. Dans une sauteuse, faire chauffer l'huile et 10 g de beurre. Ajouter les carottes, le céleri et 10 centilitres d'eau. Assaisonner et faire revenir sur feu moyen pendant 20 minutes. Ajouter les champignons et cuire encore pendant 10 minutes. Conserver les légumes croquants. Réserver au chaud.

2 - SAUCE ÉPICÉE :

Éplucher et hacher les échalotes. Les mettre dans une casserole avec le vin blanc et laisser réduire des trois quarts. Verser le fumet et laisser encore réduire des trois quarts. Passer au chinois, ajouter le curry, mélanger et réserver.

3 - SAUCE AU VIN BLANC :

Éplucher et hacher les échalotes. Les mettre dans une casserole avec le vin blanc et laisser réduire des trois quarts. Ajouter la crème fleurette et porter à ébullition. Passer au chinois. Réserver.

4 - Faire chauffer l'huile de friture à 160 °C. Retirer les queues et les plus grosses côtes des épinards. Les laver plusieurs fois afin de bien éliminer la terre. Les égoutter et les essuyer. Les plonger dans l'huile de friture pendant 1 minute environ, puis les égoutter sur du papier absorbant. Réserver.

5 - Dans une petite casserole, mettre 8 cuillerées à soupe de sauce épicée. Y incorporer 2 cuillerées à soupe de sauce au vin blanc et porter à ébullition. Réduire le feu et ajouter petit à petit et en fouettant sans arrêt 50 g de beurre coupé en petites parcelles. Quand le beurre est fondu, réserver la sauce au bain-marie.

6 - Couper le sandre en quatre parts. Dans une sauteuse, faire fondre 20 g de beurre et y faire cuire les parts de sandre pendant 10 minutes, côté peau uniquement.

7 - AVANT DE SERVIR :

Dresser les légumes au centre des assiettes. Déposer le sandre dessus, peau apparente, puis quelques épinards frits. Entourer d'un filet de sauce.

VIN CONSEILLÉ : ALSACE GEWURZTRAMINER, BLANC.

Coquelet du Ried au cumin

Pour 4 personnes

2 coquelets • 100 g de foie gras cuit • 1 carotte • 1 oignon • 3 gousses d'ail • 50 g de cumin torréfié • 50 g de beurre • 5 c. à s. d'huile d'arachide • 140 g de farine • 4 blancs d'œufs • 1 jaune d'œuf • sel, poivre

Pour la pâte des ardepfel tasche : 400 g de pommes de terre • 250 g de farine • 2 œufs • 1 pincée de sel

Pour la farce : 1 kg d'oignons grelots • 20 g de beurre • 25 cl de jus de viande • 5 feuilles de sauge

Préparation : 1 h 30 - Cuisson : 2 h 00

1 - Pâte des ardepfel tasche :
Éplucher et laver les pommes de terre. Les plonger dans l'eau bouillante salée et laisser cuire à frémissement pendant 30 minutes. Vérifier la cuisson des pommes de terre. Les égoutter, les réduire en purée, puis les mélanger avec la farine, les œufs et le sel. Étaler cette pâte et y découper des ronds à l'aide d'un emporte-pièce cannelé de 6 centimètres de diamètre.

2 - Farce :
Éplucher, puis couper les oignons grelots en quatre. Dans une sauteuse, faire fondre le beurre et y ajouter les oignons. Remuer délicatement, puis verser le jus de viande et 20 centilitres d'eau. Assaisonner. Cuire sur feu moyen pendant 25 à 30 minutes, jusqu'à complète évaporation du liquide. Hacher la sauge et l'ajouter en fin de cuisson.

3 - Préchauffer le four à 240 °C (th. 8). Déposer un peu de farce aux oignons au centre de chaque rond de pâte et refermer ceux-ci en forme de demi-lune. Réserver.

4 - Éplucher, laver et couper la carotte en rondelles. Éplucher et couper finement l'oignon et l'ail. Assaisonner les coquelets. Les farcir avec le foie gras et frotter l'extérieur avec le cumin. Les déposer dans une cocotte et les faire revenir de tous les côtés, à feu vif, avec l'huile, le beurre, les rondelles de carottes, l'oignon et l'ail. Mettre ensuite la cocotte au four, sans couvrir, et laisser cuire 15 minutes. Retirer les coquelets, ajouter 30 centilitres d'eau au jus de cuisson et laisser réduire à feu moyen. Passer ce jus au chinois, puis le réserver.

5 - Baisser le four à 220 °C (th. 7). Nettoyer la cocotte et y remettre les coquelets avec le jus de cuisson Mélanger la farine et les blancs d'œufs pour obtenir une pâte lisse. La rouler pour former un long boudin. Appliquer ce boudin de pâte sur tout le rebord de la cocotte, poser le couvercle, puis presser pour sceller hermétiquement. Badigeonner la pâte avec le jaune d'œuf mélangé à un peu d'eau. Passer au four pendant 15 minutes.

6 - Pendant ce temps, faire chauffer une grande casserole d'eau salée. Lorsqu'elle bout, y jeter les *ardepfel tasche.* Ils sont cuits dès qu'ils remontent à la surface. Les égoutter puis les disposer dans les assiettes chaudes.

7 - Servir la cocotte sur la table et l'ouvrir devant les convives. ❧

Vin conseillé : Alsace pinot noir, rouge.

Confit de canard
et schupfnudla

Pour 4 personnes

4 cuisses de canard • 2 c. à c. de gros sel • 1 c. à c. de baies de genièvre • 1 branche de thym • 1 feuille de laurier • 2 l de graisse de canard (ou saindoux) • 1 oignon • 50 g de pruneaux • 50 g de figues séchées • 50 g de dattes séchées • 50 g d'abricots secs • 50 g de raisins secs • 1 noix de beurre • 25 cl de vin rouge • sel, poivre
Pour les schupfnudla : 2 échalotes • 60 g de beurre • 500 g de pommes de terre • 250 g de farine • 3 œufs • 1 pincée de noix muscade en poudre

Préparation : 2 h 00 - Cuisson : 2 h 30

1 - La veille :
Déposer les cuisses de canard dans un plat à rôtir et les saupoudrer de gros sel et de poivre. Ajouter les baies de genièvre, le thym et le laurier. Laisser reposer au réfrigérateur pendant 12 heures.

2 - Le jour même :
Préchauffer le four à 240 °C (th. 8). Retirer les cuisses de canard de leur marinade, les essuyer légèrement, puis les déposer dans une cocotte. Ajouter la graisse de canard et cuire sur feu doux pendant 2 heures. Au terme de cette cuisson, retirer la graisse et passer la cocotte au four jusqu'à ce que les cuisses de canard soient bien dorées.

3 - Éplucher et couper finement l'oignon. Hacher les pruneaux, les figues, les dattes et les abricots. Dans une casserole, faire fondre le beurre et y faire revenir l'oignon, les fruits hachés et les raisins secs. Laisser doucement caraméliser. Ajouter le vin rouge et 25 centilitres d'eau, puis laisser cuire jusqu'à complète évaporation du liquide. Réserver au chaud.

4 - Schupfnudla :
Éplucher et hacher les échalotes. Les faire revenir à la poêle avec 10 g de beurre. Éplucher et laver les pommes de terre. Les plonger dans une casserole d'eau bouillante salée et laisser cuire à frémissement pendant 30 minutes. Vérifier le degré de cuisson des pommes de terre. Les égoutter et les réduire en purée à l'aide d'un moulin à légumes muni d'une grille fine. Y incorporer la farine, les œufs, les échalotes et la noix muscade. Assaisonner cette pâte.
Porter à ébullition une grande casserole d'eau. Prélever une noix de pâte, la rouler dans la main et confectionner des petits boudins d'environ 4 centimètres de longueur. Les plonger dans l'eau bouillante, puis les égoutter dès qu'ils remontent à la surface. Les faire ensuite revenir à la poêle avec 50 g de beurre. Assaisonner.

5 - Dans chaque assiette, disposer une cuisse de canard, les *schupfnudla* et les fruits. Servir aussitôt.

Vin conseillé : alsace pinot noir, rosé.

Nage de fruits rouges et noirs au muscat d'Alsace

Pour 4 personnes

100 g de fraises • 75 g de cerises noires • 75 g de framboises • 50 g de groseilles • 50 g de cassis • quelques feuilles de menthe
Pour le sorbet : 25 g de sucre • 30 cl de muscat
Pour le sirop : 300 g de sucre • 10 cl de muscat • 2 cl de marc de muscat

Préparation : 1 h 00

1 - Sorbet :
Mettre le sucre avec 10 centilitres d'eau dans une casserole. Porter à ébullition. Retirer du feu, laisser refroidir, puis ajouter le muscat. Passer le tout dans une sorbetière et réserver au congélateur.

2 - Sirop :
Mettre le sucre avec 10 centilitres d'eau dans une casserole et porter à ébullition. Retirer du feu et laisser refroidir. Ajouter alors le muscat et le marc de muscat.

3 - Laver, équeuter, puis couper les fraises en quatre. Laver et dénoyauter les cerises. Laver, puis égrener les groseilles et les cassis. Mettre les fraises et les framboises dans le sirop. Les laisser mariner pendant 15 minutes au réfrigérateur. Ajouter ensuite tous les autres fruits. Mélanger très délicatement le tout et réserver au frais pendant 15 minutes.

4 - Avant de servir :
Verser la nage de fruits rouges et noirs bien froide dans des assiettes creuses. À l'aide de cuillères à soupe, mouler quatre quenelles de sorbet et les répartir sur la nage. Décorer le tout avec quelques feuilles de menthe. Servir très frais.

Fruits rouges : dès le mois de juin, c'est tout d'abord la fraise que l'on fête à Dieffenthal (67), puis la cerise à Westhoffen (67) et à Breitenbach (67). Au mois de juillet, la fête continue pour la cerise à Thannenkirch (68) et commence pour la myrtille à Dambach (67). Pendant ce temps, sur les pentes des collines vosgiennes mûrissent l'alise, la cerise, le cynorhodon ou plus familièrement l'églantine, la fraise, la fraise des bois, la framboise, la baie de houx, le sorbe, le sureau, le cassis, la griotte et la mûre.

Vin conseillé : Alsace Muscat, Sélection Grains Nobles, blanc.

Les charcuteries alsaciennes

Les spécialités charcutières alsaciennes ne se comptent plus. Elles se déclinent selon les traditions villageoises et le savoir-faire des charcutiers. Elles ont la place d'honneur dans la choucroute, plat traditionnel de la région.

Jusqu'au début du siècle dernier, les porcs erraient librement dans les forêts voisines des villages. Cet élevage florissant fut un facteur déterminant du développement de la charcuterie alsacienne.

Traditionnellement, on tuait deux cochons par an : le premier début novembre pour constituer les provisions hivernales de viande salée et fumée, le second au printemps pour assurer le lard et le jambon des repas des grands travaux d'été. L'occasion de déguster le vin nouveau ou *risser*...

Les saucisses à frire : les *brotwurst* sont les plus anciennes préparations charcutières répertoriées. À la fin du 16e siècle, on les retrouve sur les tables monastiques sous le nom de *gebrottene wurst.* On les servait alors avec des choux. Au début du siècle dernier, on les faisait frire dans une pâte à base de farine, d'œufs et de vin.

Les saucisses de foie de porc : les *leberwurst* sont encore de nos jours confectionnées à la ferme. Déjà connues au 17e siècle, on les préparait alors en ajoutant au foie de porc les poumons de l'animal ou encore suivant les régions, des œufs, des oignons ou des raisins secs. On les consomme sur des tartines.

Les saucisses de Strasbourg : les *knacks* sont originaires d'Allemagne du Nord. Jusqu'au siècle dernier on les dégustait le dimanche soir. Les saucisses de Strasbourg sont à base de porc maigre, de bœuf et de gras de porc et sont aromatisées de muscade.

Le lard : il est l'invité obligé de la choucroute, le lard fumé au feu de bois est réputé pour son goût savoureux. Son rôle est multiple dans la cuisine alsacienne : il enrobe les viandes et les gibiers, il accompagne les soupes et les salades et sert d'ingrédient à de nombreuses spécialités. Ainsi on le retrouve dans la tarte flambée ou *flammeküche,* les tartes à l'oignon et diverses farces. Autrefois, le paysan le consommait froid avec du pain.

Le cervelas : il est composé de viande de porc parfois mélangé à de la viande de bœuf. Il constitue à lui seul un plat complet servi fréquemment le soir. Originaire d'Italie, ce saucisson peut-être réchauffé dans l'eau, frit en tranche avec des œufs ou encore servi froid sur des oignons, le tout agrémenté d'une vinaigrette.

Lexique charcutier

- **Bierwurst** : saucisson pour accompagner la bière.
- **G'fiellter söijmawe** : estomac de porc farci, fleuron de la gastronomie alsacienne.
- **Knackwurst** : petite saucisse de Strasbourg pour accompagner la choucroute ou pour réaliser le hot-dog alsacien.
- **Mariknepfle** : délicieuse quenelle de moelle.
- **Presskopf** : fromage de tête ou de pied de cochon à déguster dans une bonne winstub. ❦

La tradition du baekenofe

Le baekenofe est un plat populaire qui met en œuvre dans une même cuisson au four des viandes et des légumes. Déjà connu au 17e siècle, ce mets caractéristique de l'Alsace rurale était préparé les jours de lessive. On le portait alors chez le boulanger. La recette du baekenofe se caractérise par l'utilisation d'une terrine en terre réfractaire. Pour la recette proprement dite, les diverses viandes (porc, mouton, bœuf) sont marinées dans du vin d'Alsace durant 24 heures avec des condiments et un bouquet garni. Dans la terrine, les viandes sont disposées en alternance avec des rondelles de carottes et de pommes de terre. La terrine, fermée hermétiquement avec une pâte à pain, est cuite au four durant trois heures. On présente le baekenofe dans sa terrine. ❦

L'Alsace ne compte pas moins de deux cents spécialités charcutières. Elles sont l'élément dominant de beaucoup de repas.

Dans la cuisine

- Le lard salé peut être conservé dans une poterie de Soufflenheim, on lui adjoindra du laurier, des clous de girofle, de la muscade ou de la coriandre pour l'aromatiser. Dessalé à l'eau claire pendant une journée, il accompagnera ensuite agréablement une omelette ou des pommes de terre.
- Le cervelas trouve toute son expression grillé sur des sarments de vigne et dégusté accompagné d'un pinot noir. On peut également le servir avec une salade tiède de pommes de terre et d'oignons.
- La poterie alsacienne permet de prolonger doucement la cuisson des terrines à la sortie du four. ❦

À la découverte du massif vosgien

Le petit village de Colroy-la-Roche, blotti dans la vallée de la Bruche, est le point de départ d'un périple au cœur d'un immense domaine forestier. Partez à la rencontre des majestueux cervidés qui peuplent ces forêts de résineux, et sur votre chemin, si la chance vous sourit, peut-être surprendrez-vous le coq de bruyère, le chat sauvage, le blaireau, ou encore, parmi ces espèces rares, le hibou grand duc. Des petits hameaux et des fermes isolées jalonnent la route qui vous mène vers le val de Villé, le grand verger de l'Alsace. À Villé même, se tient chaque trimestre un grand marché de saison qui réunit de nombreux producteurs et artisans de la région. On y déguste du miel, des fromages, des fruits, des légumes et bien sûr, le fameux kirsch.

Durant la saison estivale, les professionnels de la gastronomie vous ouvrent leur cuisine. Guidés par leurs conseils, vous apprendrez la recette du *baekenofe*, de la choucroute ou encore du *beerllaïwell*, délicieuse brioche fourrée aux fruits séchés.

Lors des deux derniers week-ends de juillet, parcourez le sentier de dégustation de la colline de Saint-Gilles et arrêtez-vous devant les nombreux stands gourmands. Breitenbach est un village entouré de vergers de cerisiers, de collines et de forêts où l'on cueille les baies sauvages qui font le bonheur des distillateurs et des connaisseurs. Le dernier week-end du mois de juin, on y célèbre la cerise et le kirsch à l'occasion d'une fête où vous découvrirez la mousse au kirsch, spécialité de la vallée. Après la visite d'une distillerie, vous rejoindrez la table de Jean-Paul Bossée par le Champ du Feu, charmante station de sport d'hiver. ❧

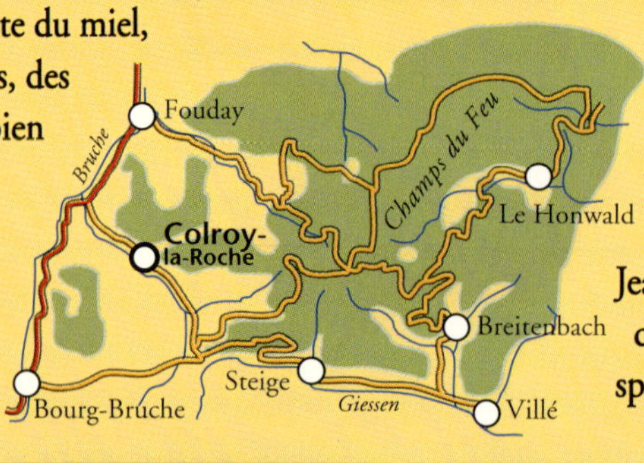

J.-PAUL BOSSÉE

La Chenaudière à Colroy-la-Roche

- *Ravioles de munster frais*
- *Jambonnettes d'oie croustillantes*
- *Foie gras de canard pané*
- *Darnes de sandre*
- *Pigeons de Waldersbach*
- *Poitrine de faisan farcie*
- *Gigot de chevreuil au lard*
- *Infusion de fruits et sorbet*
- *Streusel tiède aux mirabelles*
- *Terrine de quetsches*

Installée au pied du massif vosgien, en pleine nature, dans la vallée de la Bruche, la Chenaudière est un véritable complexe familial fort sympathique. Plutôt que de décliner différentes cuisines sur une carte, Jean-Paul Bossée a ouvert plusieurs restaurants sur le même site. C'est ainsi qu'en s'installant pour quelques jours dans une chambre de Relais & Châteaux modèle, on peut varier les plaisirs de la table. À La Stub de Nicolas, vous goûterez aux plats des bistrots alsaciens, aux Pastoureaux, à une cuisine traditionnelle des familles et aux Princes de Salm, aux grandes créations de Jean-Paul. Après une balade sur les sentiers de grande randonnée, où vous aurez pu observer les biches à la jumelle, après avoir humé les parfums volatiles s'échappant des alambics des bouilleurs de cru, il sera temps de passer à table, pour vous laisser transporter par les ravioles de munster blanc frais au beurre émulsionné de munster mariné, ou par la crème de petits pois et cuisses de grenouilles en beignets de pâte à la bière. Et… le lendemain, un petit déjeuner aux senteurs de la forêt vosgienne vous réveillera au paradis.

Ravioles de munster frais
au persil frit

Pour 4 personnes

100 g de persil • 40 g de beurre • 300 g de munster • 2 œufs • 250 g de farine • 1 jaune d'œuf • 1 pincée de sel • huile de friture • sel, poivre
Pour la sauce : 60 cl de crème fleurette • 100 g de roquefort

Préparation : 1 h 40 - Cuisson : 45 mn

1 - Laver, égoutter, puis hacher la moitié du persil. Le faire revenir à la poêle avec 10 g de beurre, pendant quelques minutes. Mettre le munster dans un saladier et le faire tiédir quelques secondes au four à micro-ondes. Ajouter le persil et les œufs et mixer le tout. Déposer ce mélange sur un film alimentaire. Refermer le film et le rouler avec la main pour confectionner un long boudin. Plonger celui-ci dans une casserole d'eau bouillante et laisser cuire à frémissements pendant 30 minutes. Égoutter et laisser refroidir au frais. Ôter le papier film lorsque le boudin est froid, puis couper celui-ci en tranches de 30 g environ. Réserver.

2 - Mélanger soigneusement la farine avec 9 centilitres d'eau, 30 g de beurre et le sel. Lorsque la pâte est homogène, fariner le plan de travail, puis étaler la pâte en deux carrés égaux et très minces. Sur un de ces carrés, déposer des tranches de boudin de munster à intervalles réguliers. Mélanger le jaune d'œuf avec un peu d'eau. Badigeonner l'autre carré de pâte avec l'œuf battu et en recouvrir le premier, côté badigeonné au-dessus. Sceller les deux carrés de pâte en appuyant avec le doigt sur toutes les parties où il n'y a pas de farce. Découper des ravioles en forme de cercles à l'aide d'un emporte-pièce rond. Prendre soin de laisser la farce au centre de chaque raviole. Réserver.

3 - Laver, puis effeuiller le persil restant. Le plonger par petites quantités et pendant 30 secondes dans de l'huile de friture chaude. Égoutter sur du papier absorbant et réserver.

4 - Sauce :
Verser la crème dans une casserole et y ajouter le roquefort en petits morceaux. Porter à ébullition tout en remuant à l'aide d'un fouet. Arrêter de fouetter lorsque la sauce est lisse et onctueuse. Réserver au chaud.

5 - Plonger les ravioles dans une casserole d'eau frémissante et les laisser cuire pendant 4 minutes. Les ravioles sont cuites lorsqu'elles remontent à la surface. Les égoutter délicatement.

6 - Avant de servir :
Répartir les ravioles dans les assiettes très chaudes et les napper avec la sauce. Décorer avec le persil frit.

Vin conseillé : Alsace Grand Cru Tokay-Pinot Gris, blanc.

Jambonnettes d'oie croustillantes
au risotto de blé

POUR 4 PERSONNES

1 jeune oie de 2,5 à 3 kg • 1 kg de queues de bœuf tranchées en rouelles • 1,5 l de fond brun de volaille • 50 cl de vin rouge • 10 feuilles de brick • 2 c. à s. d'huile d'arachide • 1 bouquet de carottes fanes • 20 g de beurre • sel, poivre
Pour le risotto : 2 échalotes • 1 grosse carotte • 40 g de blanc de poireau • 50 g de cèpes • 2 noix de beurre • 300 g de blé entier ou d'orge perlé • 75 cl de fond blanc de volaille

PRÉPARATION : 1 H 45 - CUISSON : 4 H 30

1 - LA VEILLE :
Détacher les cuisses et les suprêmes (avec la peau) de l'oie. Avec un petit couteau, pratiquer quelques entailles dans les suprêmes, du côté peau. Les réserver au froid.
2 - Faire rissoler les queues de bœuf et les cuisses de l'oie dans une cocotte pendant 5 minutes. Retirer la graisse de cuisson, puis ajouter le fond de volaille et le vin. Mélanger et laisser cuire sur feu doux pendant 1 heure. Vérifier la cuisson des cuisses (elles doivent être fondantes) et les retirer de la cocotte. Laisser cuire le fond pendant encore 2 heures. Retirer les queues de bœuf et passer le fond au chinois.
3 - Détacher la viande des queues de bœuf et des cuisses de l'oie, puis disposer tous ces morceaux dans un plat sur une hauteur de 2 centimètres. Verser la moitié du fond de cuisson sur les viandes et laisser prendre au froid pendant 12 heures.
4 - LE JOUR MÊME :
Faire fondre le beurre dans un récipient au bain-marie. En badigeonner les feuilles de brick. Découper le mélange de viandes bien froid en carrés de 4 à 5 centimètres de côté et envelopper chaque carré dans une feuille de brick. Bien les serrer pour les maintenir fermées. Réserver ces pannequets.
5 - Assaisonner les suprêmes. Les cuire doucement à la poêle, côté peau, avec 1 cuillerée à soupe d'huile pendant 10 à 15 minutes. Conserver la chair rosée. Couvrir et laisser reposer 30 minutes.
6 - RISOTTO :
Éplucher et hacher les échalotes. Éplucher, laver et couper en petits dés la carotte. Laver et couper le poireau en fines rondelles. Nettoyer les cèpes. Faire revenir le tout avec le beurre. Ajouter le blé, puis le fond blanc. Laisser cuire doucement pendant 30 minutes.
7 - Éplucher et laver les carottes fanes. Les cuire à l'eau bouillante pendant 10 à 15 minutes. Égoutter.
8 - AVANT DE SERVIR :
Poêler les pannequets avec 1 cuillerée à soupe d'huile, pendant quelques minutes de chaque côté. Faire réduire le fond restant et napper quatre assiettes chaudes. Arranger les suprêmes tranchés, les pannequets, le risotto et les carottes. ❧

VIN CONSEILLÉ : CRÉMANT D'ALSACE, ROSÉ.

Foie gras de canard pané aux épices

Pour 4 personnes

1 foie gras de canard cru de 500 g
Pour la marinade : 1 c. à c. de sel • 1 c. à c. de poivre du moulin • 4 c. à s. de porto • 2 c. à s. de cognac
30 g de coriandre concassée • 30 g de gingembre moulu • 10 baies de genièvre concassées • 10 g de poivre concassé très fin • 100 g de farine • 30 g de beurre •
1 salade de saison • 2 c. à s. de vinaigre balsamique • 6 c. à s. d'huile de noisette • sel, poivre.

Préparation : 1 h 00 - Cuisson : 45 mn

1 - La veille, la marinade :
Couper le foie gras dans la longueur en tranches de 2 centimètres d'épaisseur. En retirer les petits nerfs et les vaisseaux sanguins apparents. Déposer les tranches de foie gras dans un plat creux et assaisonner de sel et de poivre. Verser dessus le porto et le cognac. Couvrir le tout d'un film alimentaire et laisser reposer au réfrigérateur pendant 12 heures.

2 - Le jour même :
Préchauffer le four à 100 °C (th. 3). Dans une assiette creuse, mélanger la coriandre, le gingembre, le genièvre et le poivre concassés. Mettre la farine dans une autre assiette creuse. Retirer les tranches de foie gras de leur marinade (réserver cette marinade) et les enduire du mélange d'épices, puis de farine. Réserver le mélange d'épices restant. Dans une poêle antiadhésive, faire fondre le beurre et y faire revenir les tranches de foie gras sur feu moyen, pendant 2 minutes de chaque côté.

3 - Tapisser entièrement l'intérieur d'une terrine avec du film alimentaire. Remplir la terrine avec les tranches de foie gras panées encore tièdes et verser dessus la marinade. Faire cuire au four, dans un bain-marie, pendant 40 minutes (il est également possible de cuire la terrine hermétiquement emballée et en immersion complète dans une eau maintenue à 60 °C).

4 - Laver, puis égoutter la salade. Dans un bol, dissoudre une pincée de sel dans le vinaigre. Ajouter l'huile et un peu de poivre. Bien mélanger le tout à l'aide d'une cuillère en bois. Assaisonner la salade avec cette vinaigrette.

5 - Avant de servir :
Démouler, puis trancher la terrine. Disposer deux tranches de foie gras dans chaque assiette, un peu de salade et décorer avec le mélange d'épices restant.

N.B. : Il est préférable de cuire la terrine au moins 48 heures avant de la servir.

Vin conseillé : Alsace Tokay-Pinot gris, vendanges tardives, blanc.

Darnes de sandre
aux cuisses de grenouilles

POUR 4 PERSONNES

3 grosses tomates • 2 c. à s. d'huile d'olive • 2 échalotes • 50 cl de fumet de poisson • 1 verre de vin blanc • 400 g de cuisses de grenouilles • 100 g de magret d'oie fumé • 200 g de beurre • 2 filets de sandre sans arêtes de 400 g chacun • quelques olives noires dénoyautées • quelques pluches de cerfeuil • sel, poivre

PRÉPARATION : 1 H 30 - CUISSON : 15 MN

1 - Plonger les tomates dans une casserole d'eau bouillante pendant environ 30 secondes et les peler immédiatement. Les couper en deux dans la longueur et ôter tous les pépins à l'aide d'une petite cuillère. Découper la chair en forme de grosses feuilles et assaisonner celles-ci de sel et de poivre. Laisser reposer.

2 - Éplucher et hacher les échalotes. Les mettre dans une casserole avec le fumet de poisson et le vin blanc et porter le tout à ébullition. Plonger les cuisses de grenouilles dans ce fumet bouillant et les pocher pendant 30 secondes. Les retirer de la casserole et les égoutter sur du papier absorbant. Les laisser refroidir, puis les désosser soigneusement. Passer le fumet de cuisson au chinois fin. Réserver séparément la chair des grenouilles et le fumet.

3 - Couper le magret d'oie en petits cubes. Porter à ébullition le fumet de cuisson des grenouilles et incorporer petit à petit et en fouettant sans arrêt 150 g de beurre coupé en petites parcelles. Quand le beurre est fondu, ajouter les petits cubes de magret et la chair des grenouilles. Réserver cette sauce au bain-marie.

4 - Préchauffer le four à 200 °C (th. 7). Rincer les filets de sandre, les égoutter, puis les tailler dans la largeur en lanières de 2,5 centimètres. Rouler ces lanières sur elles-mêmes en escargot et les maintenir à l'aide d'un cure-dent. Assaisonner. Couvrir la plaque du four de papier sulfurisé et y déposer les petits roulés de sandre. Répartir dessus le restant de beurre en morceaux et faire cuire au four pendant 10 minutes.

5 - Dans une poêle, faire chauffer l'huile d'olive et y faire cuire les feuilles de tomates à feu doux pendant 3 minutes de chaque côté.

6 - AVANT DE SERVIR :
Dès la sortie du four, ôter les cure-dents qui maintiennent les roulés de sandre. Répartir ceux-ci dans les assiettes et déposer dessus les feuilles de tomates et quelques olives noires. Verser la sauce et son contenu tout autour. Décorer avec les pluches de cerfeuil.

VIN CONSEILLÉ : ALSACE GRAND CRU RIESLING, BLANC.

Pigeons de Waldersbach en deux cuissons

Pour 4 personnes

3 gousses d'ail • 50 g de persil • 6 gros pigeons vidés (conserver les foies à part) • 500 g de graisse d'oie • 1 carotte • 1 petit poireau • 40 g de beurre • 4 c à s. de porto • 10 cl de vin blanc • 50 cl de fond de veau • 50 g de foie gras d'oie cuit • herbes : cerfeuil, persil, ciboulette • sel, poivre

Préparation : 1 h 30 - Cuisson : 2 h 20

1 - La veille :
Éplucher et hacher l'ail. Laver, puis égoutter le persil sur du papier absorbant. Le hacher. Détacher les cuisses des pigeons, puis les badigeonner avec l'ail et le persil hachés. Les poser dans un plat creux, assaisonner de sel et poivre et laisser reposer au réfrigérateur pendant 12 heures.

2 - Le jour même :
Préchauffer le four à 250 °C (th. 8). Essuyer soigneusement les cuisses des pigeons et les mettre dans une sauteuse avec la graisse d'oie. Laisser cuire pendant 1 heure environ. La graisse doit frémir légèrement tout au long de la cuisson, mais ne doit jamais être en ébullition vive.

3 - Assaisonner les coffres des pigeons et les disposer dans un plat à rôtir. Les faire cuire au four pendant 10 minutes. À la sortie du four, prélever les suprêmes et les maintenir à chaleur douce. Concasser les carcasses et les réserver.

4 - Éplucher, laver et couper la carotte en petits dés. Laver le poireau, puis le couper en fines rondelles. Mettre les légumes, les carcasses concassées et 10 g de beurre dans une cocotte et laisser revenir jusqu'à légère coloration.
Verser le porto et le vin blanc. Bien mélanger le tout et laisser réduire pendant 50 minutes. Ajouter le fond de veau et laisser mijoter encore quelques minutes. Passer au chinois.
Hacher soigneusement les foies des pigeons avec le foie gras d'oie et incorporer ce mélange à la sauce. Porter à légère ébullition, puis retirer du feu.
Ajouter petit à petit et en fouettant sans arrêt 30 g de beurre coupé en petites parcelles. Passer aussitôt au chinois et réserver au bain-marie.

5 - Avant de servir :
Napper quatre assiettes chaudes avec la sauce. Y disposer les suprêmes et les cuisses des pigeons et parsemer d'herbes. Ce plat peut être accompagné de mini-légumes de saison.

Vin conseillé : Alsace pinot noir, rouge.

Poitrine de faisan farcie
au coing confit et au foie gras

POUR 4 PERSONNES

1 faisan • 4 c. à s. de crème fraîche • 1 œuf • 80 g de beurre • 1 l de fond brun de volaille • 15 cl de vin blanc • 1 chou vert frisé • 1 oignon • 1 c. à c. de cumin • 100 g de sucre • 1 gros coing • 2 escalopes de foie gras cru de 30 g chacune • 2 c. à s. d'alcool de coing ou de marc • 30 g de foie gras cuit • sel, poivre

Pour la pâte à fleischschnecke : 300 g de farine • 3 œufs • 1 pincée de sel

PRÉPARATION : 2 H 10 - CUISSON : 1 H 45

1 - PÂTE À FLEISCHSCHNECKE :
Pétrir la farine avec les œufs et le sel. La pâte doit être souple. La ramasser en boule et la laisser reposer 1 heure au frais.

2 - Prélever les suprêmes et les cuisses du faisan. Retirer la chair des hauts de cuisses (attention, ne pas conserver la chair des pilons, trop dure) et la mixer avec la crème et l'œuf. Assaisonner cette farce de sel et de poivre.

3 - Étaler la pâte à *fleischschnecke*, la recouvrir entièrement de farce, puis la rouler sur elle-même. Couper ce rouleau en tranches de 2 centimètres d'épaisseur. Fariner chaque côté et faire colorer les tranches à la poêle avec 20 g de beurre. Ajouter le fond brun de volaille et le vin blanc. Laisser cuire doucement pendant 30 minutes. Réserver au chaud les *fleischschnecke* et laisser réduire le fond à feu très doux.

4 - Éplucher, puis couper le coing en tranches de 1 centimètre d'épaisseur. Porter à ébullition le sucre et 50 centilitres d'eau. Ajouter les tranches de coing et laisser cuire doucement pendant 20 à 30 minutes, jusqu'à ce qu'elles soient tendres. Réserver.

5 - Prélever 4 feuilles du chou (les plus vertes) et les plonger dans l'eau bouillante salée pendant 5 minutes. Égoutter et réserver.
Couper le chou et l'oignon en fines lanières et les faire revenir à la poêle avec 20 g de beurre et le cumin pendant 5 à 10 minutes. Garnir les 4 feuilles de chou de cette fondue, puis les replier en boule en les pressant pour les maintenir fermées.

6 - Fendre les suprêmes dans l'épaisseur et y introduire une escalope de foie gras cru et une tranche de coing bien tendre. Dans une sauteuse, faire cuire doucement les suprêmes avec 20 g de beurre, jusqu'à belle coloration. Les retirer de la sauteuse et ajouter l'alcool de coing au jus de cuisson. Mélanger, puis incorporer le fond très réduit. Mixer avec le foie gras cuit et 20 g de beurre.

7 - AVANT DE SERVIR :
Napper les assiettes chaudes de sauce. Y répartir les suprêmes tranchés, les *fleischschnecke* et les boules de chou vert. Ce plat peut être accompagné de navets jaunes et de tranches de coing confit.

VIN CONSEILLÉ : ALSACE PINOT NOIR, ROSÉ.

Gigot de chevreuil au lard

POUR 4 PERSONNES

1 gigot de chevreuil de 1 kg environ désossé (conserver les parures) • 10 baies de genièvre concassées • 3 c. à s. d'huile d'arachide • 50 g de petits lardons • 1 carotte • 1 oignon • 1 bouquet garni • 5 cl de cognac • 25 cl de vin blanc • 75 cl de crème fleurette • sel, poivre
Pour la compote d'oignons : 300 g de gros oignons • 100 g de girolles (ou autres champignons des bois) • 30 g de beurre • 60 g de petits lardons • 1 c. à c. de coriandre concassée

PRÉPARATION : 1 H 00 - CUISSON : 2 H 10

1 - Assaisonner le gigot de chevreuil avec sel, poivre et baies de genièvre. Le ficeler comme un rôti afin de bien le maintenir entier. Déposer le gigot dans une cocotte avec l'huile et les petits lardons. Faire revenir jusqu'à obtention d'une belle coloration sur toutes les faces. Retirer le gigot et les lardons de la cocotte. Réserver.

2 - Éplucher, laver, puis couper la carotte en fines rondelles. Éplucher et couper finement l'oignon. Mettre les parures, la carotte, l'oignon et le bouquet garni dans la cocotte de cuisson du gigot et laisser revenir le tout jusqu'à belle coloration. Remettre le gigot et les lardons dans la cocotte avec le cognac et le vin blanc. Bien mélanger avec une cuillère en bois afin de décoller les sucs de cuisson restés au fond du récipient. Laisser réduire le jus de cuisson pendant quelques minutes, puis ajouter la crème fleurette. Laisser mijoter le tout 20 minutes sur feu très doux. Retirer le gigot et poursuivre la cuisson de la sauce pendant 10 minutes. La passer au chinois, puis la réserver au chaud.

3 - Nettoyer soigneusement les girolles. Les faire revenir rapidement à la poêle pour qu'elles rendent leur eau. Verser le jus obtenu dans la sauce. Réserver les champignons.

4 - COMPOTE D'OIGNONS :
Éplucher et couper finement les oignons. Dans une sauteuse, faire fondre le beurre et y faire revenir les oignons sans les laisser colorer. Ajouter les petits lardons, les girolles et la coriandre. Couvrir et laisser cuire sur feu doux pendant 1 heure.

5 - AVANT DE SERVIR :
Trancher le gigot. Napper les assiettes de sauce. Disposer un lit de compote d'oignons au centre et arranger les tranches de gigot par-dessus. Ce plat peut être accompagné de *spätzle* et de petits légumes de saison. ❧

VIN CONSEILLÉ : ALSACE PINOT NOIR, ROUGE.

Infusion de fruits et sorbet à la bergamote

Pour 4 personnes

150 g de fraises • 150 g de pêches jaunes • 150 g de framboises • 150 g de mûres • quelques feuilles de menthe fraîche
Pour l'infusion : 3 feuilles de gélatine • 700 g de sucre • 10 g de thé
Pour le sorbet : 35 g de thé à la bergamote (Earl Grey)

Préparation : 1 h 20

1 - Infusion :
Faire tremper les feuilles de gélatine dans un bol d'eau froide pendant quelques minutes pour les ramollir. Réserver. Mettre le sucre et 35 centilitres d'eau dans une casserole et porter le tout à ébullition. Retirer du feu. Prélever 20 centilitres de ce sirop (réserver le restant pour le sorbet) et le mettre dans une casserole avec 10 centilitres d'eau supplémentaires. Porter à ébullition. Retirer du feu, ajouter le thé et laisser infuser pendant seulement 1 minute (afin que l'infusion ne se trouble pas). Passer au chinois.
Égoutter soigneusement les feuilles de gélatine et les ajouter à l'infusion encore tiède. Bien mélanger le tout jusqu'à dissolution complète de la gélatine. Laisser prendre en gelée au réfrigérateur pendant 2 heures.

2 - Sorbet :
Verser 60 centilitres d'eau dans une casserole et porter à ébullition. Retirer aussitôt du feu et ajouter le thé à la bergamote. Laisser infuser pendant 2 minutes, puis passer au chinois. Mélanger 50 centilitres de ce thé avec le sirop restant. Passer le tout dans une sorbetière, puis réserver au congélateur.

3 - Laver, puis équeuter les fraises. Les couper en deux ou en quatre si elles sont grosses. Plonger les pêches dans une casserole d'eau bouillante pendant environ 30 secondes. Les retirer de la casserole à l'aide d'une écumoire, puis les peler soigneusement. Les dénoyauter et les couper en tranches. Réserver au frais.

4 - Avant de servir :
Répartir les fraises, les tranches de pêches, les framboises et les mûres dans des assiettes creuses. Brasser légèrement l'infusion gélifiée avec une cuillère en bois, puis la verser sur les fruits frais. Dresser des boules de sorbet sur le dessus et décorer avec quelques feuilles de menthe. Servir très frais.

Vin conseillé : Crémant d'Alsace, blanc.

Streusel tiède aux mirabelles

Pour 4 personnes

200 g de pâte feuilletée • 1 gousse de vanille • 150 g de sucre • 600 g de mirabelles dénoyautées • 20 g de beurre • 1 c. à s. de miel de sapin • 1 œuf • 50 cl de glace à la vanille • sucre glace
Pour la pâte à streusel : 50 g de beurre ramolli • 100 g de sucre • 1 c. à c. de cannelle en poudre • 50 g de farine
Pour le sabayon : 4 jaunes d'œufs • 30 g de sucre • 2 c. à s. d'eau-de-vie de mirabelle

Préparation : 1 h 10 - Cuisson : 25 mn

1 - Étaler la pâte feuilletée sur une épaisseur de 3 millimètres. À l'aide d'un emporte-pièce rond et uni de 10 centimètres de diamètre, y découper quatre disques.
Les poser sur un plat, recouvrir d'un film alimentaire et laisser reposer au réfrigérateur pendant 2 heures.
2 - Fendre la gousse de vanille dans le sens de la longueur et en extraire délicatement les petites graines à l'aide de la pointe du couteau.
Mettre le sucre et 50 centilitres d'eau dans une casserole et porter le tout à ébullition. Ajouter les petites graines de vanille et les mirabelles. Laisser cuire pendant 5 minutes à légers frémissements. Retirer du feu, laisser refroidir, puis égoutter.
3 - Pâte à streusel :
Dans un bol, mélanger le beurre ramolli avec le sucre et la cannelle. Incorporer petit à petit la farine sans trop travailler, afin d'obtenir une pâte sèche et granuleuse.
4 - Préchauffer le four à 220 °C (th. 7).
5 - Sabayon :
Verser tous les ingrédients du sabayon dans un bol, et placer ce bol dans un bain-marie frémissant. Fouetter le mélange jusqu'à ce qu'il épaississe et devienne mousseux. Réserver.
6 - Badigeonner les disques de pâte feuilletée avec l'œuf battu. Les cuire au four pendant 10 minutes. À la sortie du four, les laisser refroidir un peu, puis les ouvrir en deux dans l'épaisseur. Émietter la pâte à *streusel* sur les couvercles des disques et passer ceux-ci au four pendant quelques minutes, jusqu'à coloration. Les laisser refroidir et les saupoudrer de sucre glace.
7 - Dans une poêle, faire fondre le beurre et le miel. Y faire revenir les mirabelles pendant quelques minutes, jusqu'à coloration.
8 - Avant de servir :
Napper chaque assiette de sabayon. Y déposer une base de disque de pâte feuilletée. Disposer dessus quelques mirabelles chaudes et surmonter d'une quenelle de glace à la vanille. Replacer les couvercles et servir aussitôt. ❧

Vin conseillé : alcool de mirabelle.

Terrine de quetsches au pain d'épice

POUR 4 PERSONNES

250 g de sucre • 600 g de quetsches • 200 g de pain d'épice tranché • 1/2 l de glace à la cannelle
Pour la gelée : 2 feuilles de gélatine • 12 cl de jus d'orange • 12 cl de vin rouge • 60 g de sucre • 2 clous de girofle • 1 bâton de cannelle
Pour le bavarois aux épices : 3 feuilles de gélatine • 20 cl de lait • 1 c. à c. d'épices à pain d'épice (anis, cannelle, clous de girofle, gingembre, muscade, etc.) • 3 jaunes d'œufs • 100 g de sucre • 30 cl de crème fouettée

PRÉPARATION : 1 H 20 - CUISSON : 35 MN

1 - LA VEILLE :
Laver, couper en deux, puis dénoyauter les quetsches. Mettre le sucre et 50 centilitres d'eau dans une casserole et porter à ébullition. Ajouter les quetsches et laisser frémir pendant 3 minutes. Laisser refroidir, puis égoutter.

2 - GELÉE :
Faire tremper les feuilles de gélatine dans un bol d'eau froide. Dans une casserole, verser le jus d'orange, le vin rouge, le sucre, les clous de girofle et la cannelle. Laisser cuire sur feu doux pendant 30 minutes.
Retirer les clous de girofle et la cannelle, ajouter les feuilles de gélatine et mélanger jusqu'à ce qu'elles soient complètement dissoutes. Ajouter les quetsches. Laisser tiédir sur un feu doux.

3 - BAVAROIS AUX ÉPICES :
Faire tremper les feuilles de gélatine dans un bol d'eau froide. Mettre le lait avec les épices à pain d'épice dans une casserole et porter à ébullition. Fouetter les jaunes d'œufs avec le sucre jusqu'à ce que le mélange soit crémeux. Verser dessus le lait bouillant tout en continuant de fouetter. Placer ce mélange dans un récipient au bain-marie, sur feu moyen, et faire cuire jusqu'à épaississement en remuant constamment à l'aide d'une cuillère en bois. La crème est cuite lorsqu'elle nappe la cuillère, c'est-à-dire lorsqu'en tirant un trait avec le doigt sur la cuillère recouverte de crème les deux bords de la crème se séparent très nettement. Retirer du feu et incorporer la gélatine. Lorsque le mélange est froid, ajouter délicatement la crème fouettée.

4 - Remplir une terrine à mi-hauteur avec la moitié des quetsches en gelée. Étaler ensuite le bavarois, puis le reste des quetsches. Recouvrir avec les tranches de pain d'épice et réserver au froid pendant 12 heures.

5 - LE JOUR MÊME :
Démouler la terrine, puis la couper en tranches. Servir avec deux quenelles de glace à la cannelle. Ce dessert peut être accompagné d'un coulis de fruits. ❧

VIN CONSEILLÉ : GRAND CRU GEWURZTRAMINER, BLANC.

Le chou et la choucroute

La choucroute est aussi emblématique de l'Alsace que le cassoulet l'est de Toulouse ou la bouillabaisse de Marseille. Plat familial et de fêtes, elle varie à l'infini dans ses préparations et permet à chaque cuisinier d'exprimer sa personnalité.

Le chou : c'est à la croisée de la plaine d'Erstein et du Brunch de l'Andlau que la culture du chou prit son essor au 16e siècle. La ville d'Ergersheim, véritable capitale de la choucroute prit alors le nom de Krautersheim, littéralement « Chouville ». Les choux verts constituaient alors la base de l'alimentation des paysans. Aujourd'hui cette région demeure une des principales zones de culture avec les régions de Colmar et Chavannes (Haut-Rhin). Après une préparation attentive des sols (labour à l'automne puis repiquage au printemps), les gros choux pommés à tête blanche, ou quintal d'Alsace sont récoltés de septembre à novembre et rallient ensuite la choucrouterie.

Le navet : il compte parmi les légumes emblématiques de l'Alsace. Jusqu'au 17e siècle, il était omniprésent sur les tables alsaciennes au même titre que le chou. Mais l'avènement de la pomme de terre lui porta un coup fatal. Elle le supplanta peu à peu et lui vola la vedette sur les tables populaires. Depuis l'époque médiévale, les navets sont salés, découpés en lamelles et conservés dans des fûts. On appelle cette préparation choucroute de navets.

La choucroute : elle se prépare depuis le Moyen Âge. Au 16e siècle, le jour de la choucroute ou *gumbskrut*, était entièrement consacré au salage du chou. Élaborée à partir de choux cabus ou choux pommés, son mode de conservation, le surrissement, assurait aux ménages une alimentation riche en vitamine C durant l'hiver. La choucroute connaît, au fil des siècles des accompagnements variés : viande salée, lard et charcuterie mais aussi dès le 17e siècle, carpe, hareng, et plus tard saumon et haddock. À partir du début du 19e siècle, sa présence est quasi systématique sur les tables des mariages et des réunions familiales.

Le gumbisch : cette choucroute de montagne au goût puissant est pré-

Les immenses champs de choux sont indissociables du paysage alsacien et leur récolte en été interpelle toujours le néophyte.

parée dans les vallées vosgiennes. On utilise le chou de Milan, mieux adapté à cette région par sa résistance au froid. Les feuilles sont bouillies dans un grand chaudron. C'est une opération délicate car elles doivent blanchir sans tomber en miettes. Elles sont ensuite rassemblées par petits fagots et déposées dans des cageots. Le lendemain, on procède aux opérations traditionnelles de la fabrication de la choucroute. ❧

Dans la cuisine

• Réchauffée, la choucroute se bonifie à chaque cuisson. On utilise de préférence une casserole à fond épais ou encore un pot de terre ou *rutschhafe*.

• Pour la cuisson, la choucroute peut être mouillée de bière, de vin d'Alsace (riesling ou sylvaner) ou d'un petit verre de kirsch.

• Aujourd'hui, certains chefs renouent avec des traditions d'accompagnements oubliés, c'est ainsi qu'on peut voir apparaître dans certaines recettes de choucroute, des escargots, une purée de pois jaunes, des harengs frits ou à la moutarde, des poires ou des quetsches séchées, de la langue de bœuf salée.

• La choucroute nouvelle arrive début septembre et parfois avant, elle est craquante et parfumée. On peut la servir en salade ou très peu cuite pour accompagner une carpe au four.

• Le dosage des aromates doit être subtil et la choucroute ne dédaigne pas quelques grains de genièvre, de poivre, d'airelle, de coriandre, de cumin ou quelques feuilles de laurier (attention de retirer celles-ci dès la fin de la cuisson.) ❧

La fabrication de la choucroute

Avec ses trente mille tonnes de choucroute fabriquées par trente cinq choucrouteries, l'Alsace offre à tous les français, dès la fin de l'été, son plat le plus traditionnel.

Les feuilles vertes et abîmées sont retirées, ainsi que le trognon.
Les choux sont découpés en fines lanières à l'aide d'un rabot appelé krüthowel, d'un couteau à large lame ou à l'aide d'une machine à couper quand la fabrication est industrielle.
Le chou est disposé en couches salées, puis tassées afin d'éviter la formation de poches d'air.
On ajoute parfois des aromates et même un peu de kirsch. La fermentation lactique et naturelle se fait à température ambiante et se déroule pendant un mois environ. ❦

De la vigne à la source

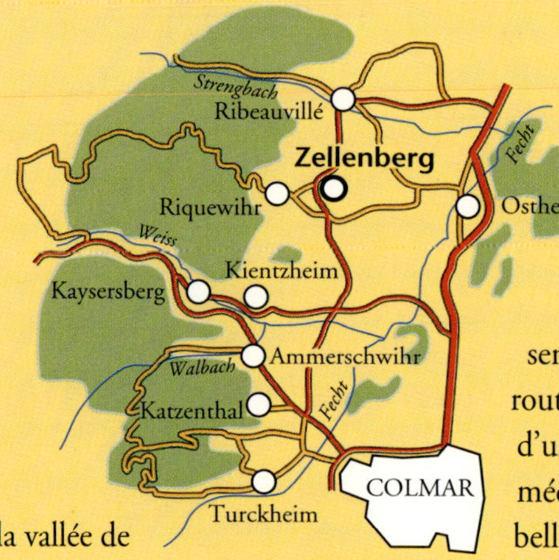

Accueillis par les cigognes, vous franchissez les portes imposantes de Turckheim, petite bourgade de vignerons cachée derrière ses remparts. Aux abords de la vallée de Munster et première étape d'une route des vins jalonnée de grands crus, vous parcourez le sentier viticole du Brand.

À Katzenthal, en centre ville, en compagnie des hôtes d'une imposante maison fleurie, vous dégustez de grands crus classés, le wineck-schlossberg et le florimont.

Au printemps, vous ne résistez pas au plaisir d'une charmante promenade en calèche afin de découvrir le superbe vignoble qui vous entoure avec, pour toile de fond, les Vosges enneigées. Au mois d'août, quand les vignobles se gorgent de soleil, vous assistez à la fête du Kaefferkopf, à Ammerschwihr. Saisissez l'occasion de visiter les caves des vignerons et de goûter les vins originaux du coteau du Kaefferkopf.

Vers Kaysersberg, se dressent sur votre route les ruines d'un château médiéval, de belles demeures Renaissance ou encore des maisons à colombage, égayées de géraniums.

À Kientzheim, vous ne manquez pas de visiter le musée du Vignoble et des Vins d'Alsace, attenant au château qui abrite maintenant le siège de la Confrérie Saint-Etienne, l'une des plus anciennes confréries de France, chargée de contrôler la qualité des vins d'Alsace. Sur votre route, des amandiers signalent que vous atteignez Ribeauvillé, prestigieuse cité viticole, renommée également pour son eau minérale Source des Ménétriers, plus connue sous le nom de Carola. ❧

J.-Michel Eblin

Maximilien à Zellenberg

- *Blancs de poireaux en vinaigrette*
- *Tartare de truite à la crème d'ail*
- *Petit baekenofe d'escargots à l'ail*
- *Pavé de loup de mer rôti*
- *Croustillant de sandre*
- *Millefeuille d'écrevisses*
- *Rosace d'agneau au gingembre*
- *Chaud-froid de fruits rouges*
- *Pêches caramélisées au four*
- *Tartelette renversée aux poires*

C'est une maison rose, accrochée à la colline. On y vient pour déguster au milieu des vignes. Ainsi pourrait commencer une chanson dédiée au restaurant quelque peu atypique de Jean-Michel Eblin.
L'enseigne de celui-ci fait référence à Maximilien-Joseph, roi de Bavière et grand-père de Sissi, ayant eu quelques attaches à Zellenberg. Sur la route des vins, à proximité de Riquewihr, Jean-Michel a restauré une vieille ferme pour installer son établissement, mais il a délibérément choisi un décor moderne et lumineux pour montrer son grand talent de cuisinier. Alsacien avant tout, il veut démontrer que la cuisine de sa région peut s'ouvrir à d'autres cultures et il aime mélanger astucieusement les saveurs dans un menu. L'influence méditerranéenne est très présente, mais les clins d'œil à d'autres régions – goûtez le roesti aux cèpes et saint-jacques à l'huile de noix – montrent la malice du chef. L'Alsace revient pourtant en force, avec le petit baekenofe d'escargots ou l'étonnant cromesqui de munster, servi avec un verre de gewurztraminer vendanges tardives.

Foie gras d'oie
et blancs de poireaux en vinaigrette

POUR 4 PERSONNES

500 g de foie gras d'oie cru • 1 c. à c. d'eau-de-vie de kirsch • 1 c. à c. de cognac • 1/2 c. à s. de sel • 1/2 c. à c. de poivre blanc frais moulu • 4 blancs de poireaux • sel, poivre • quelques herbes fraîches pour décorer

Pour la vinaigrette : 1 tomate • 1 échalote • 4 c. à s. de vinaigre de Xérès • 4 c. à s. d'huile d'olive • 4 c. à s. d'huile de noisette • 4 c. à s. d'huile d'arachide • 4 c. à s. de porto

PRÉPARATION : 40 MN - CUISSON : 45 MN

1 - LA VEILLE :
Enlever la peau fine qui entoure le foie. Séparer les lobes puis ouvrir ceux-ci en deux. Dénerver complètement le foie, retirer les taches de sang et gratter les parties tachées de vert. Laver rapidement les lobes, les essuyer et les assaisonner de sel et de poivre blanc. Arroser le foie gras avec l'eau-de-vie de kirsch et le cognac. Laisser mariner au frais pendant au moins 6 heures.

2 - Garnir un bocal à stériliser en verre avec le foie gras en tassant bien et fermer hermétiquement. Mettre le bocal dans un grand bain-marie, le recouvrir d'eau et porter à une température de 90 °C. Laisser cuire ainsi pendant 10 à 15 minutes. Retirer le bocal du bain-marie, laisser refroidir, puis mettre à reposer au réfrigérateur pendant 12 heures.

3 - LE JOUR MÊME :
Laver soigneusement les blancs de poireaux, puis les couper en tronçons de 3 à 4 centimètres. Les plonger dans une grande casserole d'eau bouillante bien salée.
À la reprise de l'ébullition, laisser cuire pendant 15 à 30 minutes, selon la grosseur des poireaux. Les rafraîchir immédiatement dans l'eau glacée. Réserver.

4 - VINAIGRETTE :
Plonger la tomate dans une casserole d'eau bouillante pendant environ 30 secondes. La peler, l'épépiner et la couper en petits dés. Éplucher, puis couper finement l'échalote.
Dans un bol, mélanger le vinaigre de Xérès, les trois huiles et le porto. Saler et poivrer, puis incorporer l'échalote et quelques petits dés de tomate (réserver le restant de tomate pour décorer les assiettes).

5 - AVANT DE SERVIR :
Faire tiédir les poireaux à la vapeur. Bien les égoutter. Poser un blanc de poireau au centre de chaque assiette. À l'aide d'une cuillère à soupe trempée dans de l'eau chaude, mouler de belles cuillerées de foie gras et les déposer sur le poireau. Décorer avec quelques herbes fraîches et les dés de tomates. Servir à part la vinaigrette.

VIN CONSEILLÉ : ALSACE TOKAY-PINOT GRIS, BLANC.

Tartare de truite et cuisses de grenouilles à la crème d'ail

POUR 4 PERSONNES

1 courgette • 4 truites légèrement fumées, en filets • 1 oignon • 1 brin d'aneth • 1 feuille de menthe • 2 citrons • 10 cl d'huile d'olive • 500 g d'ail • 50 cl de lait • 50 cl de crème fleurette • 45 g de beurre • 32 cuisses de grenouilles • quelques brins de ciboulette • sel, poivre

PRÉPARATION : 1 H 00 - CUISSON : 25 MN

1 - Laver soigneusement la courgette. À l'aide d'un canneleur ou d'un petit couteau, creuser des petits sillons parallèles sur toute la longueur de la courgette. La couper ensuite en fines rondelles. Poser un cercle à pâtisserie de 5 centimètres de diamètre sur chaque assiette de service. Tapisser les parois des cercles de rondelles de courgette en les faisant se chevaucher. Réserver.

2 - Éplucher et couper finement l'oignon. Laver, puis égoutter l'aneth et la menthe sur du papier absorbant. Les hacher. Laver les filets de truites et les égoutter sur du papier absorbant. Les hacher délicatement, puis y incorporer l'oignon, l'aneth, la menthe, le jus des citrons et l'huile d'olive. Assaisonner de sel et de poivre. Garnir les cercles tapissés de courgettes avec ce tartare de truite. Garder les assiettes au réfrigérateur pendant 2 heures.

3 - Éplucher les gousses d'ail en les frappant préalablement avec le manche d'un gros couteau pour faciliter le décollement de la peau. Les mettre dans une casserole avec le lait et la crème et laisser cuire doucement pendant 20 minutes environ. Lorsque les gousses d'ail sont devenues bien tendres, mixer soigneusement le tout jusqu'à obtention d'une crème onctueuse. Assaisonner de sel et de poivre. Réserver au chaud.

4 - BEURRE CLARIFIÉ :

Dans une petite casserole, sur feu très doux, faire fondre le beurre. Dès qu'il est fondu, le retirer du feu. Enlever l'écume blanche qui surnage à l'aide d'une cuillère et laisser le petit lait qui s'est déposé dans le fond de la casserole. Ne conserver et n'utiliser que ce beurre translucide. Verser ce beurre clarifié dans une sauteuse et y faire sauter les cuisses de grenouilles pendant 2 minutes.

5 - Laver la ciboulette. L'égoutter sur du papier absorbant, puis la couper finement.

6 - AVANT DE SERVIR :

Ôter les cercles des tartares de truite. Dresser huit cuisses de grenouilles chaudes tout autour. Napper les cuisses avec la crème d'ail et décorer le tartare avec la ciboulette. Servir aussitôt. ❧

VIN CONSEILLÉ : ALSACE RIESLING, BLANC.

Petit baekenofe d'escargots à l'ail

POUR 4 PERSONNES

2 pommes de terre • 20 g de beurre • 1 poireau • 2 carottes • 2 gousses d'ail • 4 douzaines d'escargots (en conserve) • 2 c. à s. de vin blanc • 20 cl de fond de veau • 100 g de pâte feuilletée • sel, poivre

PRÉPARATION : 30 MN - CUISSON : 25 MN

1 - Éplucher, laver, puis tailler les pommes de terre en rondelles de 4 à 5 millimètres d'épaisseur. Dans une poêle, faire fondre 10 g de beurre et y faire revenir les pommes de terre pendant quelques minutes, sans les laisser colorer. Laver soigneusement, puis couper finement le poireau. Laver et couper les carottes en rondelles. Plonger le poireau et les carottes dans une casserole d'eau bouillante salée pendant 5 minutes. Les rafraîchir dans de l'eau glacée, puis les égoutter. Éplucher et hacher les gousses d'ail.
2 - Dans une sauteuse, faire fondre 10 g de beurre et y faire mijoter ensemble les pommes de terre, le poireau, les carottes et les escargots. Assaisonner de sel et de poivre et ajouter le vin blanc et le fond de veau. Laisser réduire légèrement, puis ajouter les gousses d'ail hachées. Répartir ce mélange dans quatre petites terrines individuelles possédant un couvercle. Compter 12 escargots par terrine et bien tasser le tout.
3 - Préchauffer le four à 180 °C (th. 6). Étaler la pâte feuilletée et la détailler en quatre longues et fines bandes. Poser ces bandes de pâte sur le rebord des terrines, puis refermer avec les couvercles de façon à sceller hermétiquement celles-ci.
4 - Passer les terrines au four pendant 10 minutes. Les servir dès la sortie du four et les ouvrir devant les convives. ❧

Baekenofe : cette potée cuite au four fleure bon le terroir alsacien. Le jour de la lessive, les ménagères apportaient leur baekenofe au boulanger afin qu'il le cuise dans son four. Ce plat est confectionné dans une grande terrine ovale en poterie, où sont arrangées sur un lit de pommes émincées, trois ou quatre viandes (bœuf, mouton, porc et parfois de l'oie) marinées dans un vin blanc sec. ❧

VIN CONSEILLÉ : ALSACE RIESLING, BLANC.

Pavé de loup de mer rôti en peau épicée

POUR 4 PERSONNES

4 pavés de loup de mer (bar) de 200 à 220 g chacun (avec la peau) • mélange de quatre-épices • 2 échalotes • 200 g de girolles fraîches • 20 g de beurre • 3 oranges • 1 pamplemousse • 1 citron • 1 c. à s. de moutarde à l'ancienne • 4 c. à s. d'huile d'olive • sel, poivre

PRÉPARATION : 30 MN - CUISSON : 25 MN

1 - Rincer les pavés de loup de mer sous l'eau froide. Les égoutter sur du papier absorbant, puis bien les essuyer. Inciser légèrement les pavés du côté peau, puis les saupoudrer avec le mélange de quatre-épices. Réserver.

2 - Éplucher et hacher les échalotes. Nettoyer soigneusement les girolles. Dans une poêle, faire fondre 20 g de beurre et y faire revenir les échalotes jusqu'à légère coloration. Ajouter ensuite les champignons. Continuer la cuisson sur feu vif pendant 5 minutes environ, en remuant de temps en temps. Réserver au chaud.

3 - Préchauffer le four à 200 °C (th. 7). Presser séparément les oranges, le pamplemousse et le citron. Verser le jus des oranges et du pamplemousse dans une petite casserole et laisser réduire le tout des quatre-cinquièmes. Retirer du feu et incorporer la moutarde à l'ancienne et 3 cuillerées à soupe d'huile d'olive en mélangeant délicatement. Ajouter enfin le jus du citron, puis assaisonner de sel et de poivre. Réserver la sauce au chaud en prenant soin de ne pas la laisser bouillir, ce qui risquerait de lui donner de l'amertume.

4 - Faire chauffer une cuillerée à soupe d'huile d'olive dans une grande poêle antiadhésive, puis y faire colorer rapidement les pavés de loup du côté peau uniquement. Les passer ensuite au four pendant 3 à 4 minutes, pour terminer leur cuisson.

5 - AVANT DE SERVIR :

Dresser un lit de girolles dans chaque assiette. Y déposer un pavé de loup poêlé, côté peau sur le dessus, et entourer le tout avec la sauce. Servir aussitôt. Ce plat peut-être accompagné d'asperges. ❧

VIN CONSEILLÉ : ALSACE PINOT NOIR, ROSÉ.

Croustillant de sandre aux grenouilles et champignons des bois

POUR 4 PERSONNES

200 g de cuisses de grenouilles • 25 cl de fumet de poisson • 200 g de champignons des bois • 40 g de beurre • 1 courgette • 400 g de filet de sandre coupé en 4 parts égales • 4 feuilles de brick • sel, poivre

Pour la sauce : 1 échalote • 20 cl de fumet de poisson • 5 cl de vin blanc • 10 cl de crème fraîche • 50 g de beurre

PRÉPARATION : 1 H 10 - CUISSON : 35 MN

1 - Mettre les cuisses de grenouilles dans une casserole avec le fumet de poisson. Porter à ébullition. Couvrir la casserole et laisser cuire à légers frémissements pendant 5 à 7 minutes. Retirer les cuisses de grenouilles de la casserole. Les laisser refroidir, puis les désosser. Réserver les chairs.

2 - Nettoyer les champignons, puis les faire revenir à feu vif à la poêle, avec 10 g de beurre, pendant 5 minutes environ, en les remuant de temps en temps. Laver la courgette, puis en couper la peau en de larges bandes. N'utiliser que ces bandes de peau. Les tailler en petites lanières et les plonger dans une casserole d'eau bouillante salée pendant 5 minutes. Égoutter et réserver. Laver les quatre parts de filet de sandre et les réserver.

3 - Dans une petite casserole, sur feu très doux, faire fondre les 30 g de beurre restants. Dès qu'il est fondu, le retirer du feu. Enlever l'écume blanche qui surnage et laisser le petit lait qui s'est déposé dans le fond de la casserole. Ne conserver et n'utiliser que le beurre translucide. Réserver ce beurre clarifié dans un bol placé au bain-marie.

4 - Préchauffer le four à 180 °C (th. 6).

5 - SAUCE :

Éplucher et hacher l'échalote. Mettre le fumet de poisson, le vin blanc et l'échalote dans une casserole et laisser réduire d'un quart. Incorporer la crème, puis ajouter petit à petit et en fouettant sans arrêt le beurre coupé en petites parcelles. Assaisonner et réserver au bain-marie.

6 - À l'aide d'un pinceau, badigeonner les feuilles de brick avec le beurre clarifié. Au centre de chaque feuille, répartir les morceaux de filet de sandre, la chair des grenouilles, les champignons et les lanières de courgette. Assaisonner. À l'aide de ficelle alimentaire, refermer les feuilles en forme d'aumônière. Laisser cuire au four pendant 8 minutes.

7 - AVANT DE SERVIR :

À l'aide d'un fouet, faire mousser la sauce et en napper immédiatement les assiettes. Disposer les croustillants de sandre et servir aussitôt. ❧

VIN CONSEILLÉ : ALSACE RIESLING, BLANC.

Millefeuille d'écrevisses au croustillant de lard

Pour 4 personnes

15 écrevisses • 8 tranches très fines de lard paysan • 24 asperges vertes • herbes fraîches : persil, basilic, aneth, menthe, estragon, cerfeuil • huile de friture • 1 échalote • 60 g de beurre • 1 c. à s. de cognac • 10 cl de fond de veau • sel, poivre

Préparation : 1 h 00 - Cuisson : 35 mn

1 - Retirer le boyau intestinal des écrevisses. Pour cela, tirer sur l'écaille centrale de la queue en effectuant un quart de tour pour extraire ce boyau qui peut donner un mauvais goût à l'écrevisse. Plonger les écrevisses dans une casserole d'eau bouillante fortement salée et laisser cuire à petits frémissements pendant 6 minutes. Égoutter les écrevisses. Lorsqu'elles sont tièdes, décortiquer les queues et les pinces. Réserver.

2 - Dans une poêle, superposer les tranches de lard entre deux feuilles de papier sulfurisé. Les recouvrir d'un poids pour les maintenir bien plates, et les cuire jusqu'à coloration.

3 - Éplucher, puis laver soigneusement les asperges. Les plonger dans une grande casserole d'eau bouillante salée, de façon qu'elles soient complètement immergées. À la reprise de l'ébullition, laisser cuire sur feu vif pendant 10 à 15 minutes. Lorsque les asperges sont cuites, mais encore croquantes, les rafraîchir sous l'eau froide, puis les égoutter. Réserver au frais.

4 - Faire chauffer l'huile de friture. Couper les plus belles feuilles des herbes fraîches. Les laver et les égoutter. Les plonger dans l'huile très chaude pendant quelques secondes. Les retirer de la friture à l'aide d'une écumoire et les égoutter sur du papier absorbant. Assaisonner et réserver.

5 - Éplucher et hacher l'échalote. Dans une sauteuse, faire fondre 20 g de beurre et y faire revenir l'échalote jusqu'à légère coloration.

Ajouter les écrevisses décortiquées et laisser cuire encore 2 à 3 minutes. Assaisonner. Retirer les écrevisses de la sauteuse et réserver.

Verser le cognac et bien remuer à l'aide d'une cuillère en bois. Incorporer le fond de veau. Ajouter petit à petit et en fouettant sans arrêt le beurre restant coupé en petites parcelles. Quand le beurre est fondu, réserver la sauce au bain-marie.

6 - Avant de servir :

Disposer quelques queues d'écrevisses au centre de chaque assiette. Recouvrir de la moitié des asperges, puis d'une feuille de lard croustillante. Déposer une autre couche d'écrevisses, d'asperges et terminer par la seconde feuille de lard. Entourer de quelques herbes frites et napper de sauce. ❧

Vin conseillé : Alsace Tokay-Pinot gris, blanc.

Rosace d'agneau au gingembre et aux navets confits

Pour 4 personnes

1 racine de gingembre frais de 100 g • 175 g de sucre • 6 petits navets bien fermes • 100 g de beurre • 10 cl de lait • 10 cl de crème fraîche • 1 filet d'agneau de 600 g paré • 1 c. à s. d'huile d'arachide • 5 cl de porto rouge • 10 cl de fond de veau • quelques brins de ciboulette • sel, poivre

Préparation : 50 mn - Cuisson : 25 mn

1 - La veille :
Mettre le gingembre dans une casserole d'eau froide et porter à ébullition. Le rafraîchir à l'eau courante, l'éplucher, puis le couper en très fins bâtonnets. Mettre le sucre et 50 centilitres d'eau dans une casserole et porter le tout à ébullition. Retirer du feu et ajouter le gingembre. Laisser confire pendant 12 heures. Réserver. (Il est possible de trouver du gingembre confit dans les épiceries asiatiques.)

2 - Le jour même :
Éplucher, laver, puis couper les navets en fines rondelles. Dans une poêle, faire fondre 80 g de beurre et y faire revenir ces rondelles jusqu'à légère coloration. Les mettre alors dans une sauteuse et recouvrir avec le lait et la crème. Assaisonner de sel et de poivre et laisser cuire doucement 5 à 10 minutes.

3 - Assaisonner le filet d'agneau de sel et de poivre de chaque côté. Dans une sauteuse, faire chauffer l'huile et y saisir rapidement le filet d'agneau sur chaque face. Terminer la cuisson sur feu doux pendant 3 à 4 minutes. Retirer le filet d'agneau de la sauteuse, puis enlever l'excès de graisse du fond de cuisson. Ajouter le porto et bien mélanger à l'aide d'une cuillère en bois afin de décoller tous les sucs restés au fond de la sauteuse. Verser alors le fond de veau et laisser réduire légèrement le tout. Ajouter petit à petit et en fouettant sans arrêt le beurre restant coupé en petites parcelles. Quand le beurre est fondu, réserver la sauce au bain-marie.

4 - Laver la ciboulette. L'égoutter sur du papier absorbant, puis la couper finement.

5 - Avant de servir :
Couper le filet d'agneau en fines tranches et disposer celles-ci au centre de l'assiette, en rosace. Arranger tout autour une couronne de rondelles de navets, les recouvrir généreusement de leur jus de cuisson et parsemer de ciboulette. Décorer avec le gingembre et napper de sauce. Servir aussitôt.

Vin conseillé : Alsace Pinot noir, rouge.

Chaud-froid de fruits rouges
au pain d'épice

POUR 4 PERSONNES

800 g de fruits rouges (fraises, framboises, fraises des bois, mûres, myrtilles)
Pour la glace aux épices : 25 cl de lait • 25 cl de crème • 1 c. à s. d'épices à pain d'épice (clous de girofle, anis, muscade, gingembre en poudre) • 1 c. à s. de cannelle en poudre • 3 jaunes d'œufs • 125 g de sucre

1 - GLACE AUX ÉPICES :
Faire bouillir le lait avec la crème, les épices à pain d'épice et la cannelle. Fouetter les jaunes d'œufs avec le sucre. Verser dessus le lait aux épices bouillant en fouettant. Faire cuire sur feu doux jusqu'à épaississement, en remuant constamment. La crème est cuite lorsqu'elle nappe la cuillère. Passer au chinois et laisser refroidir. Passer dans une sorbetière. Réserver au congélateur.

2 - PAIN D'ÉPICE :
Préchauffer le four à 180 °C (th. 6). Dans une casserole, faire fondre le miel avec le sucre. Hors du feu, ajouter la moitié de la farine et mélanger jusqu'à complet refroidissement. Incorporer le reste de la farine ainsi que tous les autres ingrédients. Étaler ce mélange sur la plaque du four recouverte d'un papier sulfurisé et faire cuire au four pendant 25 minutes. Laisser refroidir et couper en dés de grosseur moyenne.

Pour le pain d'épice : 330 g de miel • 100 g de sucre • 500 g de farine • 1 œuf • 80 g d'amandes hachées • 80 g de noisettes hachées • 80 g de citrons confits • 10 g de levure chimique • 1,5 c à s. de cannelle en poudre • 15 g d'épices à pain d'épice
Préparation à glacer : 5 jaunes d'œufs • 110 g de sucre • 25 cl de crème fouettée

PRÉPARATION : 1 H 00 - CUISSON : 25 MN

3 - PRÉPARATION À GLACER :
Fouetter les jaunes d'œufs et le sucre dans un récipient au bain-marie chaud jusqu'à ce que le mélange forme le ruban, c'est-à-dire qu'il coule lentement des branches du fouet. Laisser refroidir et incorporer la crème fouettée.

4 - AVANT DE SERVIR :
Disposer des dés de pain d'épice et des fruits rouges dans chaque assiette. Napper avec la préparation à glacer et passer rapidement sous le gril du four afin de la faire caraméliser. Servir avec la glace aux épices. ❧

VIN CONSEILLÉ : ALSACE GEWURZTRAMINER, VENDANGES TARDIVES, BLANC.

Pêches caramélisées au four

Pour 4 personnes

8 grosses pêches • 80 g de beurre • 80 g de sucre
Pour la glace au caramel : 75 g de sucre •
12 cl de crème fleurette • 13 cl de lait • 4 jaunes d'œufs
Pour la crème pistache : 50 cl de lait • 4 jaunes d'œufs •
125 g de sucre • 50 g de pâte de pistache

Préparation : 45 mn - Cuisson : 20 mn

1 - Glace au caramel :
Mettre le sucre et 3 centilitres d'eau dans une casserole à fond épais. Porter le tout à ébullition et laisser cuire sur feu vif jusqu'à coloration. Lorsque le caramel atteint une belle couleur blonde, réduire le feu, puis incorporer aussitôt la crème et le lait en fouettant vivement le tout. Quand le mélange est bien homogène, ajouter un à un les jaunes d'œufs en continuant de fouetter. Faire cuire sur feu doux, jusqu'à épaississement, en remuant constamment mais doucement à l'aide d'une cuillère en bois. La crème est cuite lorsqu'elle nappe la cuillère. Retirer du feu, laisser refroidir, puis passer dans une sorbetière. Réserver au congélateur.

2 - Préchauffer le four à 180 °C (th. 6).

3 - Crème pistache :
Verser le lait dans une casserole et porter à ébullition. Dans un saladier, mélanger les jaunes d'œufs avec le sucre et fouetter jusqu'à ce que ce mélange devienne crémeux. Passer le lait bouillant au chinois et l'incorporer lentement, tout en continuant de fouetter. Placer ce mélange dans un bain-marie, sur feu moyen, et faire cuire jusqu'à épaississement en remuant constamment mais doucement à l'aide d'une cuillère en bois. Cuire la crème à la nappe, puis la retirer. Incorporer soigneusement la pâte de pistache. Laisser refroidir et réserver au réfrigérateur.

4 - Plonger les pêches dans une casserole d'eau bouillante pendant environ 30 secondes. Les peler et les poser sur la plaque du four beurrée. Saupoudrer de sucre et déposer 10 g de beurre sur chaque pêche. Passer au four pendant 15 à 20 minutes en prenant soin d'arroser souvent les pêches de leur jus pendant la cuisson.

5 - Avant de servir :
Napper chaque assiette de crème pistache. Y poser deux pêches et une quenelle de glace au caramel.

Vin conseillé : Alsace, Gewurztraminer, Vendanges tardives, blanc.

Tartelette renversée aux poires et bananes

POUR 4 PERSONNES

4 poires • 1 citron • 2 bananes • 150 g de beurre • 50 g de sucre • 200 g de pâte feuilletée
Pour la sauce pistache : 25 cl de lait • 25 cl de crème fleurette • 50 g de pâte de pistache • 3 jaunes d'œufs • 125 g de sucre

PRÉPARATION : 45 MN - CUISSON : 20 MN

1 - SAUCE PISTACHE :
Mettre le lait, la crème et la pâte de pistache dans une casserole. Porter le tout à ébullition, puis laisser cuire sur feu doux jusqu'à ce que la pâte de pistache soit complètement fondue. Dans un saladier, fouetter les jaunes d'œufs avec le sucre jusqu'à obtention d'un mélange crémeux. Verser doucement le lait à la pistache bouillant sur les jaunes sans arrêter de fouetter. Faire cuire sur feu doux, jusqu'à épaississement, en remuant constamment mais doucement à l'aide d'une cuillère en bois. La crème est cuite lorsqu'elle nappe la cuillère, c'est-à-dire lorsqu'en tirant un trait avec le doigt sur la cuillère recouverte de crème les deux bords de la crème se séparent très nettement. Retirer du feu et laisser refroidir. Réserver au réfrigérateur.
2 - Enduire généreusement de beurre quatre moules à tarte de 10 centimètres de diamètre. Saupoudrer de sucre. Poser les moules sur le feu et laisser caraméliser le mélange beurre et sucre. Retirer du feu et réserver.
3 - Préchauffer le four à 200 °C (th. 7). Éplucher, puis couper les poires en petits quartiers. Les plonger aussitôt dans un grand bol rempli d'eau citronnée afin qu'elles ne noircissent pas. Éplucher les bananes, puis les couper en rondelles. Disposer harmonieusement les quartiers de poires et les rondelles de bananes dans le fond des moules à tarte caramélisés.
4 - À l'aide d'un rouleau à pâtisserie, étaler la pâte feuilletée sur 3 millimètres d'épaisseur. Recouvrir les moules à tarte de pâte feuilletée et faire cuire au four pendant 20 minutes.
5 - AVANT DE SERVIR :
Napper les assiettes de sauce pistache froide. Renverser les tartelettes encore tièdes au centre des assiettes et servir aussitôt.

VIN CONSEILLÉ : ALSACE, GEWURZTRAMINER, VENDANGES TARDIVES, BLANC.

Les poissons d'eau douce

Bordée par le Rhin, arrosée des multiples torrents du massif vosgien, parsemée d'étangs dans le Sundgau, l'Alsace a une gastronomie fortement marquée par les ressources des eaux douces.

La carpe : présente dans le Rhin et surtout dans les étangs du Sundgau, on en distingue deux variétés : la carpe-cuir, sans écailles à la peau coriace, et la carpe miroir aux grandes écailles et à la chair beaucoup plus fine. Certains plats traditionnels alsaciens d'inspiration juive, lui accordent une place très importante.

La perche : c'est un poisson vorace très recherché pour sa chair extrêmement fine. Préparée le plus simplement possible, à la meunière, elle est délicieuse. Les perchettes se dégustent en friture et les sujets plus âgés, découpés en tronçons, rentrent dans la composition de la matelote alsacienne. Sitôt pêchée, la perche doit être immédiatement écaillée. En effet, après un passage en chambre froide, cette tâche devient impossible.

L'anguille : elle est présente dans l'ensemble des cours d'eau où elle fréquente aussi bien les eaux vives que les eaux dormantes. Elle est capturée à l'aide de nasses. Elle s'apprête de préférence au court-bouillon, ce qui diminue sa teneur excessive en graisses. C'est, bien évidemment, l'un des éléments obligatoires de la matelote.

Le brochet : c'est un poisson sédentaire. Il recherche les eaux stagnantes encombrées de végétaux, lentes et assez chaudes. Ses larges mâchoires sont plantées de 700 dents. Il porte bien son nom de « grand loup d'eau » et terrorise gardons, vandoises et goujons. Sa chair est ferme et blanche, parfois fibreuse chez les sujets dépassant 4 kg. Attention, sa laitance et ses œufs ne sont pas comestibles.

Le sandre : c'est un poisson voisin de la perche. Vorace, il fréquente les eaux tranquilles et on le trouve en abondance dans le Rhin. Son élevage est parfaitement maîtrisé et les sandres que l'on trouve chez les poissonniers sont très souvent d'origine piscicole. Contenant peu d'arêtes, sa chair semblable à celle du brochet est tendre et savoureuse.

AUTRES HABITANTS DES EAUX DOUCES

• **L'écrevisse :** c'est un animal sensible à la pollution et qui tend à disparaître totalement des eaux alsaciennes. L'écrevisse des torrents de montagne n'existe plus qu'à l'état de souvenir. Les restaurants servent le plus souvent des espèces importées de Grèce, de Pologne ou de Turquie.

• **La grenouille :** c'est un batracien dont la capture est extrêmement réglementée. Suite à l'assèchement des zones marécageuses, elle tend à se raréfier et les cigognes avec, qui en faisaient leur repas favori. Les cuisses de grenouilles préparées sont souvent passées par l'état de congélation et proviennent de pays aussi divers que l'Égypte, les États-Unis ou Cuba. ❧

Si les pêcheurs professionnels se raréfient sur le Rhin, les amateurs de poissons sont nombreux à tenter leur chance au bord de l'Ill.

LA MATELOTE

La matelote au riesling est depuis fort longtemps un des mets les plus célèbres de la cuisine alsacienne parmi les recettes à base de sauce au vin. La matelote, littéralement préparée à la manière des matelots, se compose de plusieurs poissons : anguille, brochet, truite, tanche et perche. Les poissons, coupés en tronçons, sont cuits au court-bouillon auquel on ajoute le riesling, puis on sert les poissons nappés de crème. ❦

DANS LA CUISINE

• Les poissons d'eau douce ne se conservent pas très longtemps, il faut les vider le plus rapidement possible, les conserver à une température proche de 0 °C et, de préférence, les envelopper dans un linge humide.

• Faire vider par le poissonnier la carpe achetée vivante. Il retirera la poche de fiel, difficile à extraire du fond de sa gorge.

• Les écrevisses s'achètent vivantes et se conservent dans un endroit frais, dans un récipient rempli d'herbes ou d'algues. Il est préférable de les faire jeûner 48 heures, afin de vider l'intestin central et d'éviter ainsi de les châtrer vivantes.

• Profitez du vidage des étangs à Pâques pour acheter des laitances et des œufs de carpes qui sont excellents et peuvent être utilisés dans diverses préparations.

• La carpe frite doit être au préalable découpée en petits tronçons (dont on aura pris soin d'ôter les plus grosses arêtes), trempée dans la farine et jetée dans une huile très chaude. Elle peut être servie avec des oignons frits. ❦

À la recherche du munster

À l'automne, quand la forêt se pare de belles couleurs cuivrées, échappez-vous vers le domaine des Trois Épis, coquette station climatique vosgienne. Vous êtes aux portes de la pittoresque route du fromage de la vallée de Munster. Baladez-vous sur les chaumes, vastes pâturages où paissent les robustes vaches vosgiennes.

En été, les prés tapissés de milliers de fleurs et de plantes offrent aux vaches un menu exceptionnel. Elles choisissent, pour nous donner un lait goûteux, le fenouil des Alpes, le géranium sylvestre, les renoncules ou encore l'angélique pyrénéenne. Non loin de là, dans de beaux chaudrons de cuivre, les marcaires fabriquent le délicieux munster qui mûrit lentement en prenant sa belle couleur roux-orangé.

À l'heure de l'apéritif, au détour d'un sentier, poussez la porte d'une marcairie ou de l'une des nombreuses fermes-auberges de la vallée. Vous y dégusterez la tourte de Munster, le *roïgabrageldi*, plat rustique à base de pommes de terre, de lard fumé et de fromage, ou encore la tarte aux myrtilles. Le tout arrosé d'un pinot noir de la vallée. Vers le Col de la Schlucht, vous vous arrêtez au petit moulin de Stosswihr dont la meule date de 1727

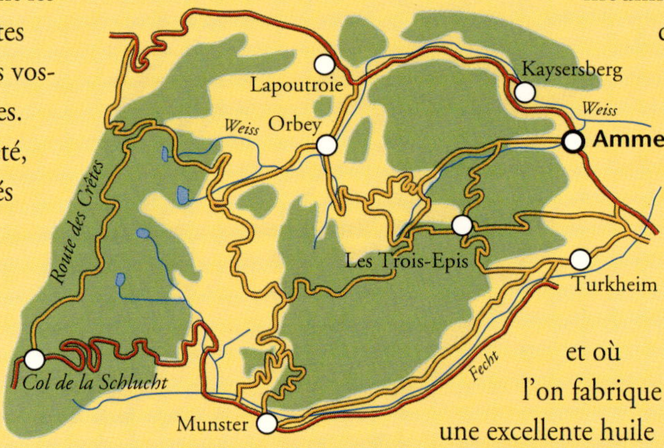

et où l'on fabrique une excellente huile de noix. Vous empruntez ensuite la tortueuse route des Crêtes qui offre d'admirables perspectives sur le versant ouest des Vosges. Enfin, vous terminez votre promenade par une visite au musée des eaux-de-vie de Lapoutroie, afin de vous initier aux techniques originales et ancestrales des distillateurs de la région. ❧

Philippe Gaertner

Aux Armes de France à Ammerschwihr

La demeure de la famille Gaertner, à l'atmosphère typiquement alsacienne, est plantée dans un village malheureusement détruit par la dernière guerre, mais célèbre pour son riesling. C'est une des tables les plus traditionnelles de la région, de cette tradition qu'il faut sauvegarder pour permettre aux générations futures d'évoquer leurs racines.

Philippe, le cuisinier, rend chaque jour hommage au terroir et aux recettes de son père, avec un superbe foie gras servi à la cuiller, des filets de soles aux nouilles et une très grande terrine de langue de veau, grenouilles et anguilles fumées, à la crème de raifort.

François, le pâtissier, donne toute la mesure de cette Alsace gourmande avec sa tarte fine aux poires, sauce vanille-griottes, ses sorbets aux quetsches ou son soufflé aux mirabelles.

Vous sortirez de la maison des Gaertner avec l'impression d'avoir rendu visite à des cousins qui ont eu envie de vous communiquer leur joie de vivre, de vous recevoir avec chaleur et fraternité.

- *Presskopf de homard et tête de veau*
- *Escalope de foie de canard*
- *Poêlée de grenouilles et d'escargots*
- *Carré de veau*
- *Filets de sole aux nouilles*
- *Volaille fermière au vinaigre*
- *Petite cuve glacée*
- *Gâteau coulant au chocolat*
- *Nage de fruits rouges et sorbet*
- *Parfait au kirsch et sorbet*

Presskopf de homard et tête de veau

POUR 1 TERRINE

400 g de tête de veau, sans la cervelle, prête à cuire (nettoyée et désossée) • 3 carottes • 2 oignons • 2 poireaux • 3 queues de persil • 7 feuilles de gélatine • 2 homards de 900 g chacun • 1 branche de cerfeuil • 1 branche de basilic • 1 branche de persil • 1/2 c. à c. de curry • sel, poivre

Pour la vinaigrette : 1 branche de cerfeuil • 1 branche de basilic • 1 branche de persil • 3 c. à s. de vinaigre balsamique • 9 c. à s. d'huile d'olive • 1 pincée de curry

PRÉPARATION : 1 H 20 - CUISSON : 7 H 40

1 - LA VEILLE :

Déposer la tête de veau dans une casserole et la recouvrir d'eau froide. Porter à ébullition et laisser frémir pendant 1 heure 30. Rafraîchir sous l'eau froide.

2 - Éplucher et laver les carottes. Éplucher et couper les oignons en quatre. Laver les poireaux, puis les couper en tronçons. Mettre la tête de veau dans une cocotte avec les carottes, les oignons, les poireaux et le persil. Recouvrir d'eau froide, assaisonner et porter à ébullition. Laisser bouillir pendant 6 heures en prenant soin de rajouter de l'eau bouillante si nécessaire, afin que la tête de veau soit toujours immergée. En fin de cuisson, retirer la tête de veau et les carottes de la cocotte. Couper la viande en petits dés et les carottes en fines rondelles. Réserver. Passer le fond de cuisson encore chaud au chinois fin. En prélever 50 centilitres, l'assaisonner et y incorporer les feuilles de gélatine. Vérifier qu'elles soient bien fondues et réserver.

3 - Plonger les homards vivants dans une cocotte d'eau bouillante salée en les immergeant complètement. Les laisser cuire 10 minutes à partir de la reprise de l'ébullition. Les égoutter et les laisser refroidir. Décortiquer les pinces et la queue des homards. Couper toutes les chairs en petits dés.

4 - Laver, égoutter et hacher le cerfeuil, le basilic et le persil. Mélanger les dés de tête de veau avec les dés de homard, les carottes et les herbes. Assaisonner de sel, de poivre et de curry. Répartir le tout dans une terrine en tassant bien et recouvrir avec le fond. Réserver au réfrigérateur pendant 24 heures.

5 - LE JOUR MÊME, LA VINAIGRETTE :

Laver, égoutter, puis hacher toutes les herbes. Dans un bol, mélanger le vinaigre, l'huile et les herbes hachées. Assaisonner de sel, de poivre et de curry.

6 - AVANT DE SERVIR :

Démouler, puis couper la terrine en tranches. Présenter la vinaigrette à part. ❧

VIN CONSEILLÉ : ALSACE SYLVANER, BLANC.

Escalope de foie de canard aux navets confits

POUR 4 PERSONNES

300 g de choucroute de navets salés (ou de choux) • 1 oignon • 1 c. à s. de graisse d'oie (ou saindoux) • 10 cl de vin blanc • 2 échalotes • 1 noix de beurre • 200 g de champignons de saison • 1 foie de canard cru de 400 à 500 g • 5 cl de vinaigre de Xérès • 10 cl de fond de veau (ou fond de volaille) • sel, poivre

PRÉPARATION : 50 MN - CUISSON : 2 H 20

1 - Rincer soigneusement la choucroute de navets salés sous l'eau courante, puis la laisser égoutter. Éplucher et couper finement l'oignon. Dans une sauteuse, faire chauffer la graisse d'oie et y faire revenir l'oignon jusqu'à légère coloration. Ajouter la choucroute et le vin blanc. Laisser cuire le tout sur feu doux pendant 2 heures. Si nécessaire, ajouter un peu de vin blanc ou d'eau pendant la cuisson.

2 - Éplucher et couper finement les échalotes. Nettoyer soigneusement les champignons et les couper en deux s'ils sont gros. Dans une poêle, faire fondre le beurre et y faire revenir les échalotes jusqu'à légère coloration. Ajouter les champignons et les laisser cuire sur feu vif pendant 5 minutes environ, en prenant soin de les remuer de temps en temps. Réserver au chaud.

3 - Nettoyer soigneusement le foie en éliminant les petits nerfs, les traces vertes, le sang et la graisse (le fiel aura été enlevé par le volailler). L'essuyer rapidement, bien l'éponger dans un linge, puis le couper en huit escalopes de 50 à 60 g chacune. Assaisonner les escalopes de sel et de poivre. Faire chauffer une poêle antiadhésive et y faire rapidement colorer les escalopes de foie de canard des deux côtés. Retirer les escalopes de la poêle et les réserver au chaud. Retirer l'excès de graisse du fond de cuisson du foie, puis y ajouter le vinaigre de Xérès. Bien mélanger le tout à l'aide d'une cuillère en bois afin de décoller les sucs de cuisson restés au fond de la poêle. Laisser réduire pendant quelques minutes, puis incorporer le fond de veau. Laisser réduire à nouveau jusqu'à obtention d'une consistance sirupeuse. Rectifier l'assaisonnement de cette sauce si nécessaire.

4 - AVANT DE SERVIR :
Dresser un lit de navets au fond de chaque assiette. Déposer une escalope de foie de canard dessus et entourer avec les champignons. Verser un cordon de sauce tout autour. Servir aussitôt.

VIN CONSEILLÉ : ALSACE RIESLING, VENDANGES TARDIVES, BLANC.

Poêlée de grenouilles et d'escargots

POUR 4 PERSONNES

200 g de lentilles vertes • 15 cl de bouillon de volaille • 1 bouquet de persil • 1 tête d'ail • 5 échalotes • 140 g de beurre • 4 douzaines de cuisses de grenouilles • 2 douzaines d'escargots • sel, poivre

PRÉPARATION : 1 H 30 - CUISSON : 55 MN

1 - Plonger les lentilles dans une casserole d'eau bouillante et les cuire pendant 20 minutes. Les égoutter. Verser le bouillon de volaille dans une casserole, le porter à ébullition et y cuire les lentilles pendant 5 minutes. Retirer la casserole du feu et réserver les lentilles dans leur bouillon de cuisson.

2 - Équeuter, puis laver le persil. Le plonger dans une casserole d'eau bouillante et le laisser cuire pendant 10 minutes. L'égoutter, puis le rafraîchir rapidement sous l'eau glacée. Le sécher soigneusement, puis le mixer finement. Enfermer ce hachis de persil dans un linge fin, puis le presser fortement au-dessus d'un bol pour récupérer le jus. Réserver ce jus au réfrigérateur.

3 - Éplucher les gousses d'ail, les couper en deux et en retirer les germes. Hacher l'ail finement. Éplucher et couper finement les échalotes. Dans une cocotte, faire fondre 20 g de beurre et y faire revenir la moitié de l'ail et des échalotes jusqu'à légère coloration. Ajouter les lentilles et leur bouillon de cuisson, puis mixer soigneusement le tout. Assaisonner et ajouter petit à petit et en fouettant sans arrêt 100 g de beurre coupé en petites parcelles. Incorporer le jus de persil et réserver cette sauce dans un récipient au bain-marie.

4 - Désosser soigneusement les cuisses de grenouilles. Couper les escargots en deux. Dans une sauteuse, faire fondre le beurre restant et y faire revenir rapidement les cuisses de grenouilles et les escargots, à feu vif. Réduire ensuite le feu, ajouter le restant d'ail et d'échalotes et continuer la cuisson pendant 5 à 6 minutes. L'ail et les échalotes ne doivent pas brûler car ils donneraient de l'amertume à ce plat.

5 - Napper les assiettes de sauce et disposer les grenouilles et les escargots. Servir aussitôt.

VIN CONSEILLÉ : ALSACE RIESLING, BLANC.

Carré de veau

Pour 4 personnes

1 carré de veau de 12 côtes, désossé, paré et ficelé (faire concasser les os par le boucher et conserver les parures) • 70 g de beurre • 1 grosse carotte • 1 oignon • 1 tomate • 1 bouquet garni • 10 cl de vin blanc • 1 l de fond brun de veau • sel, poivre

Préparation : 45 mn - Cuisson : 1 h 40

1 - Couper les parures du carré de veau en petits morceaux. Les mettre dans une cocotte avec les os concassés et les faire revenir à feu vif quelques instants. Ajouter le carré de veau ainsi que 50 g de beurre. Saler. Laisser colorer la viande sur toutes les faces pendant 20 minutes environ. Arroser souvent avec le jus de cuisson.

2 - Verser le fond de veau dans une casserole et le laisser réduire jusqu'à obtention d'une consistance sirupeuse. Réserver.

3 - Préchauffer le four à 200 °C (th. 7). Éplucher, laver, puis couper la carotte en rondelles. Éplucher et couper grossièrement l'oignon. Laver et couper la tomate en quatre. Lorsque le carré de veau est coloré, ajouter dans la cocotte la carotte, l'oignon, la tomate et le bouquet garni. Laisser cuire pendant 15 minutes sur feu moyen et mélanger souvent afin que les légumes ne colorent pas. Ajouter le vin blanc et faire cuire au four, sans couvrir, pendant 15 à 20 minutes (vérifier la cuisson).

4 - Sortir la cocotte du four (sans éteindre celui-ci), retirer le carré de veau et ôter la ficelle qui maintient les côtes. Remettre la cocotte sur le feu et y ajouter le fond de veau réduit. Mélanger et laisser frémir pendant quelques instants. Passer le contenu du récipient au chinois, sans fouler, et le reverser dans une casserole. Porter à ébullition. Retirer l'écume et la pellicule de graisse qui apparaissent à la surface. Rectifier l'assaisonnement. Badigeonner la surface de la sauce avec le beurre restant afin d'éviter la formation d'une peau.

5 - Avant de servir :

Placer le carré de veau dans un plat à rôtir et verser la sauce dessus. Passer au four pendant 10 à 15 minutes. Arroser constamment le carré de veau avec la sauce jusqu'à ce qu'il soit bien coloré et brillant. Servir dès la sortie du four. Ce plat peut être accompagné de petits légumes de saisons. ❧

Vin conseillé : Alsace pinot noir, rouge.

Filets de sole aux nouilles

POUR 4 PERSONNES

2 échalotes • 1 tomate • 4 soles en filets • 35 cl de fumet de poisson • 25 cl de sylvaner ou riesling • 250 g de nouilles fraîches à l'alsacienne • 20 cl de crème fraîche • sel, poivre
Pour la sauce hollandaise : 500 g de beurre • 10 cl de vinaigre • 1 pincée de sel • 10 grains de poivre • 3 jaunes d'œufs • 1 citron

PRÉPARATION : 1 H 20 - CUISSON : 1 H 00

1 - SAUCE HOLLANDAISE :
Sur feu très doux, faire fondre le beurre. Dès qu'il est fondu, le retirer du feu. Enlever l'écume blanche qui surnage à l'aide d'une cuillère et laisser le petit-lait qui s'est déposé dans le fond de la casserole. Ne conserver et n'utiliser que ce beurre translucide (environ 250 g). Réserver ce beurre clarifié dans un bol placé au bain-marie en attendant de l'utiliser. Mettre le vinaigre, le sel et le poivre concassé dans une casserole et laisser réduire presque complètement. Laisser refroidir. Lorsque le liquide est presque froid, ajouter un à un les jaunes d'œufs en fouettant rapidement. Placer la casserole dans un bain-marie tiède et chauffer progressivement sans cesser de fouetter. Quand la sauce devient crémeuse, retirer du feu et laisser tiédir en continuant de fouetter. Ajouter petit à petit le beurre clarifié tiède en fouettant de plus en plus rapidement. Cette étape demande de 20 à 30 minutes. Lorsque le beurre est incorporé, retirer la casserole du bain-marie et passer la sauce au chinois. Rectifier l'assaisonnement si nécessaire et ajouter petit à petit le jus du citron.

2 - Préchauffer le four à 180 °C (th. 6). Éplucher et hacher les échalotes. Peler et couper la tomate en petits dés. Plier les filets de soles en deux et les disposer dans un plat à rôtir préalablement beurré. Parsemer d'échalotes et de dés de tomate. Saler. Recouvrir avec le fumet de poisson et le vin blanc. Laisser cuire au four pendant 10 minutes. Retirer les soles du plat et laisser réduire le jus de cuisson de moitié. Ajouter 10 centilitres de crème et laisser réduire à nouveau, jusqu'à obtention d'une consistance sirupeuse. Hors du feu, incorporer délicatement la sauce hollandaise. Rectifier l'assaisonnement. Napper les soles avec cette sauce.

3 - Plonger les nouilles dans une casserole d'eau bouillante salée et laisser cuire pendant 8 minutes. Les rafraîchir, puis les égoutter. Les remettre dans une casserole et mélanger avec 10 centilitres de crème. Assaisonner.

4 - AVANT DE SERVIR :
Répartir les nouilles dans chaque assiette. Disposer les filets de sole et napper le tout de sauce. Passer sous le gril du four pendant quelques secondes pour faire gratiner. Servir aussitôt.

VIN CONSEILLÉ : ALSACE GRAND CRU RIESLING, BLANC.

Volaille fermière au vinaigre

Pour 4 personnes

1 poulet fermier de 1,3 kg • 150 g de beurre • 8 gousses d'ail • 4 échalotes grises • 10 cl de vinaigre de cidre • 10 cl de riesling • 1 c. à s. de concentré de tomate • 10 cl de fond brun (ou fond blanc) de volaille • 1 c. à c. de persil haché • sel, poivre

Préparation : 50 mn - Cuisson : 45 mn

1 - Découper le poulet en quatre morceaux. Les assaisonner de sel et de poivre de chaque côté. Dans une sauteuse, faire fondre 50 g de beurre et y faire dorer les morceaux de poulet sur toutes les faces. Lorsqu'ils sont bien dorés, les retirer de la sauteuse et les réserver dans une cocotte.

2 - Éplucher, puis hacher les gousses d'ail et les échalotes. Retirer l'excès de graisse qui se trouve dans la sauteuse ayant servi à la cuisson du poulet et y ajouter l'ail et les échalotes. Les faire légèrement colorer, puis verser le vinaigre et le vin blanc. Bien mélanger à l'aide d'une cuillère en bois afin de décoller les sucs de cuisson restés au fond de la sauteuse. Incorporer ensuite le concentré de tomate et laisser légèrement réduire. Ajouter le fond de volaille, puis verser le tout sur les morceaux de poulet. Mettre la cocotte sur feu doux, couvrir et laisser cuire pendant 30 à 35 minutes. Retirer les morceaux de poulet de la cocotte et les disposer sur un plat de service. Réserver au chaud.

3 - Retirer l'excès de graisse du jus de cuisson du poulet, puis ajouter petit à petit et en fouettant sans arrêt le beurre restant coupé en petites parcelles. Quand le beurre est fondu, rectifier l'assaisonnement. Cette sauce doit être un peu aigre. Si nécessaire, ajouter un peu de vinaigre en fin de réalisation.

4 - Napper les morceaux de poulet de sauce et parsemer le tout de persil haché. Servir aussitôt. ❧

Vin conseillé : Alsace Tokay-Pinot gris, blanc.

Petite cuve glacée
au marc de gewurztraminer

POUR 4 PERSONNES

4 à 6 biscuits à la cuillère • 50 g de raisins frais • 2 c. à s. de marc de gewurztraminer • coulis de cassis
Pour la pâte des petites cuves : 100 g de beurre ramolli • 100 g de sucre glace • 3 blancs d'œufs • 90 g de farine
Pour le sirop au marc de gewurztraminer : 60 g de sucre • 2 c. à s. de gewurztraminer
Pour le soufflé au marc de gewurztraminer : 5 œufs • 285 g de sucre • 12 cl de marc de gewurztraminer • 40 cl de crème fouettée

PRÉPARATION : 1 H 15

1 - PÂTE DES PETITES CUVES :
Préchauffer le four à 200 °C (th. 7). mélanger le beurre ramolli avec le sucre glace, les blancs d'œufs, puis la farine. Réserver cette pâte au réfrigérateur pendant 15 minutes environ. L'étaler finement, y découper 4 cercles et disposer ceux-ci sur la plaque du four préalablement beurrée et farinée. Cuire au four jusqu'à coloration.
Dès la sortie du four, décoller les biscuits et leur donner la forme d'une petite cuve en les plaçant sur le dos d'une louche ou l'envers d'un bol.
2 - Faire macérer les raisins frais dans le marc de gewurztraminer pendant 1 heure. Égoutter et réserver.
3 - SIROP AU MARC DE GEWURZTRAMINER :
Mettre le sucre et 6 centilitres d'eau dans une casserole. Porter à ébullition. Retirer du feu et laisser refroidir. Incorporer le marc de gewurztraminer et imbiber les biscuits à la cuillère de ce sirop. Les répartir au fond des cuves. Réserver.
4 - SOUFFLÉ :
Casser les œufs et séparer les blancs des jaunes. Mettre les blancs et 220 g de sucre dans une casserole sur un bain-marie chaud. Fouetter sans discontinuer jusqu'à ce que les blancs soient tièdes. Retirer du bain-marie et continuer de fouetter jusqu'à complet refroidissement. Les blancs d'œufs doivent être lisses et fermes.
Mettre 65 g de sucre et 6 centilitres d'eau dans une petite casserole et porter à ébullition. Dans un saladier, fouetter les jaunes d'œufs jusqu'à ce que le mélange soit crémeux. Verser dessus le sirop bouillant et continuer de fouetter jusqu'à ce que le mélange soit bien lisse et froid. Incorporer alors délicatement les blancs d'œufs battus, le marc de gewurztraminer, puis la crème fouettée. Remplir les cuves de ce mélange et laisser reposer au congélateur pendant 1 heure environ.
5 - AVANT DE SERVIR :
Poser une cuve glacée dans chaque assiette. Napper de coulis de cassis et décorer avec les raisins frais macérés. ❧

VIN CONSEILLÉ : ALSACE GEWURZTRAMINER, VENDANGES TARDIVES.

Gâteau coulant au chocolat

POUR 4 PERSONNES

70 g de sucre • 1 œuf entier • 3 jaunes d'œufs • 170 g de chocolat noir (55 % de cacao minimum) • 250 g de crème fleurette
Pour les meringues au chocolat : 2 blancs d'œufs • 125 g de sucre • 20 g de cacao en poudre
Pour la sauce au chocolat épicée : 12 cl de lait • 6 cl de crème fraîche • 15 g de beurre • 30 g de sucre • 5 g d'épices à pain d'épice (anis, cannelle, clous de girofle, gingembre, muscade, etc.) • 150 g de chocolat noir haché

PRÉPARATION : 1 H 15 - CUISSON : 3 H 00

1 - MERINGUES AU CHOCOLAT :
Préchauffer le four à 100 °C (th. 3). Mettre les blancs d'œufs dans un grand bol et les battre jusqu'à ce qu'ils soient bien fermes. Ajouter le sucre et fouetter jusqu'à ce que le mélange soit très lisse. Incorporer délicatement le cacao en poudre. Remplir une poche à douille munie d'une douille ronde et unie avec ce mélange. Recouvrir la plaque du four de papier sulfurisé et y dresser quatre ronds de meringue de 10 centimètres de diamètre. Laisser sécher au four pendant 3 heures. Les meringues sont cuites lorsqu'elles sont bien fermes et sèches. Les déposer au fond de 4 cercles à pâtisserie de même diamètre.

2 - Mettre le sucre et 2 cuillerées à soupe d'eau dans une casserole. Porter à ébullition, puis retirer du feu. Dans un bol, fouetter l'œuf entier et les jaunes d'œufs jusqu'à ce que le mélange soit crémeux. Verser doucement le sirop encore chaud dessus, tout en fouettant. Continuer de battre jusqu'à complet refroidissement.
Faire fondre le chocolat au bain-marie tiède. Verser la crème fleurette dans un grand bol, puis la fouetter régulièrement. Arrêter de battre la crème dès qu'elle épaissit. Y Incorporer rapidement le chocolat fondu, puis délicatement les œufs battus. Répartir ce mélange dans les cercles, sur les meringues. Lisser le dessus à l'aide d'une spatule et réserver au frais pendant 2 heures.

3 - SAUCE AU CHOCOLAT ÉPICÉE :
Verser le lait, la crème, le beurre, le sucre et les épices dans une casserole et porter à ébullition. Retirer du feu et ajouter le chocolat haché. Bien mélanger jusqu'à ce que la sauce soit homogène. Si elle est trop épaisse, rajouter un peu de lait. Réserver au réfrigérateur.

4 - Décercler les gâteaux et servir avec la sauce. Ce dessert peut être accompagné de tuiles au chocolat. ❧

VIN CONSEILLÉ : CHAMPAGNE.

Nage de fruits rouges et sorbet aux quetsches

POUR 4 PERSONNES

250 g de groseilles • 250 g de framboises • 250 g de griottes • 125 g de cassis • 125 g de fraises • 100 g de sucre • quelques fruits rouges pour décorer
Pour le sorbet aux quetsches : 600 g de quetsches • 150 g de sucre • 1 noix de glucose (facultatif) • 1 citron

PRÉPARATION : 45 MN - CUISSON : 6 H 30

1 - LA VEILLE OU LE MATIN :
Laver soigneusement tous les fruits rouges, puis les équeuter si nécessaire. Les égoutter et en réserver quelques-uns pour la décoration des assiettes. Mettre tous les autres fruits dans une grande casserole, les recouvrir d'eau à hauteur et les laisser cuire sur feu doux pendant 6 heures. Passer les fruits au chinois fin pour en récupérer tout le jus. Verser ce jus dans une casserole, y ajouter le sucre et porter à ébullition. Retirer du feu et réserver cette nage de fruits rouges 2 heures au frais.
2 - SORBET AUX QUETSCHES :
Dénoyauter les quetsches, puis les mettre dans une casserole avec le sucre. Laisser cuire sur feu doux pendant 30 minutes environ. Remuer fréquemment. Surveiller étroitement la cuisson afin de ne pas laisser caraméliser les fruits. Ajouter le glucose et le jus du citron. Bien mélanger et retirer du feu. Mixer soigneusement, puis laisser refroidir. Passer dans une sorbetière et réserver au congélateur.
3 - AVANT DE SERVIR :
Verser la nage de fruits rouges dans des assiettes creuses. Servir le sorbet aux quetsches à part ou moulé en quenelles. ❧

Quetsches : assurément, ce ne sont pas les meilleures prunes, mais elles font les meilleures tartes ! Cette grosse prune oblongue, d'une belle couleur violet sombre, à la chair jaune, sucrée et parfumée, est en pleine maturité au mois d'août. Surtout cultivée en Alsace, elle convient particulièrement pour toutes les cuissons et le séchage. ❧

VIN CONSEILLÉ : CHAMPAGNE.

Parfait au kirsch et sorbet à la griotte

Pour 4 personnes

Pour les meringues : 4 blancs d'œufs • 250 g de sucre
Pour le sorbet à la griotte : 650 g de griottes dénoyautées • 85 g de sucre • 1/2 citron
Pour le parfait au kirsch : 30 cl de crème fleurette • 100 g de sucre • 4 jaunes d'œufs • 5 c. à s. de kirsch

Préparation : 1 h 15 - Cuisson : 3 h 00

1 - Meringues :
Préchauffer le four à 100 °C (th. 3). Mettre les blancs d'œufs dans un grand bol et les battre jusqu'à ce qu'ils soient fermes. Incorporer le sucre et battre à nouveau jusqu'à ce que le mélange soit lisse. Remplir une poche à douille munie d'une douille ronde et unie avec ce mélange. Recouvrir la plaque du four de papier sulfurisé et y dresser des ronds de meringue de 10 centimètres de diamètre. Laisser sécher au four pendant 3 heures. Réserver.

2 - Sorbet à la griotte :
Mixer les griottes et les passer au chinois, ajouter le jus du demi-citron. Dans une casserole, porter à ébullition 22 centilitres d'eau froide et le sucre. Retirer du feu et verser sur la pulpe de griottes. Bien mélanger, laisser refroidir, puis passer dans une sorbetière. Verser le sorbet à la griotte dans quatre moules à glace individuels de 10 centimètres de diamètre (ou ramequins). Réserver au congélateur.

3 - Parfait au kirsch :
Verser la crème fleurette dans un bol et placer celui-ci sur un lit de glace. Fouetter la crème jusqu'à épaississement. Réserver au réfrigérateur.
Mettre le sucre et 2 cuillerées à soupe d'eau dans une casserole et porter à ébullition. Retirer ce sirop du feu. Dans un bol, fouetter les jaunes d'œufs jusqu'à obtention d'un mélange crémeux. Verser le sirop bouillant sur les jaunes d'œufs et continuer de fouetter jusqu'à complet refroidissement. Incorporer délicatement la crème fouettée, puis le kirsch. Passer ce mélange dans une sorbetière.

4 - Creuser le centre des sorbets congelés et garnir avec le parfait au kirsch. Égaliser le dessus à l'aide d'une spatule métallique et réserver au congélateur.

5 - Avant de servir :
Tremper rapidement les moules à glace dans de l'eau chaude, puis démouler. Les dresser dans chaque assiette. Décorer avec des cerises. ❧

Boisson conseillée : eau minérale.

Le gibier

Les couleurs d'automne, les vendanges et la récolte du maïs marquent le début d'une nouvelle effervescence gastronomique à laquelle certains Alsaciens aiment s'adonner : la chasse.

Les mœurs gastronomiques alsaciennes, l'ambiance et les saveurs liées à la chasse ne permettent pas de passer sous silence ces nombreuses recettes pour lesquelles un large public respectent les traditions.
La choucroute au faisan, le civet de lièvre aux *spätzle,* la selle de marcassin aux cerises ou encore le cuissot de biche aux poires séchées sont autant de moments privilégiés pour les épicuriens.

Le canard : l'espèce la plus réputée est le canard colvert. Dans le Ried et le long de l'Ill, la chasse est pratiquée à la passée, c'est-à-dire lorsque les volatiles se déplacent à la tombée de la nuit vers les lieux de nourriture. Comme l'oie ou encore le cerf, le canard est souvent représenté dans l'imagerie populaire alsacienne.

Le cerf : c'est le plus convoité des grands gibiers. Il vit en Alsace au sein des massifs boisés où il affectionne les zones humides du lit majeur des cours d'eau. On le rencontre vers le Ried de Sélestat, dans les forêts du Bruch, de la Secheer et de l'Andlau, ainsi qu'à l'ouest de Strasbourg et de Colmar. Toutefois, c'est dans le massif vosgien que le cerf est le plus largement implanté.

Le chevreuil : il vit en lisière des forêts où il se nourrit de nombreux végétaux tels que le lierre, le framboisier et divers bourgeons. Il affectionne aussi les glands, les champignons et même les pommes. L'espèce occupe tous les massifs forestiers des Vosges, les collines sous-vosgiennes et les plaines.

Le faisan de Colchide : présent sur tout le territoire alsacien et plus particulièrement en plaine, il est estimé depuis longtemps pour la qualité de sa chair et son plumage très décoratif.

Le lièvre : présent sur l'ensemble du territoire, le lièvre apparaît dès le Moyen Âge sur les tables alsaciennes. De nos jours, les nouilles ou *spätzle* sont les garnitures traditionnelles du civet de lièvre.

Le sanglier : animal des forêts, on le rencontre en lisière des grands massifs : les Vosges, les forêts de Haguenau, de la Hiardt et du Ried où on le chasse à l'affût ou en battue.

Il n'est pas rare d'observer du gros gibier dans les forêts alsaciennes superbement entretenues.

Traditions

• Les chasses privées et les sociétés de chasse n'existent pratiquement pas en Alsace. Héritage de l'occupation allemande, la chasse est régie par une loi locale. À la différence du reste de la France, ce sont les communes qui, en lieu et place des propriétaires fonciers, administrent les lots de chasse et les mettent en adjudication tous les neufs ans.

• Un repas pris en commun réunit les chasseurs. À l'honneur : la soupe de légumes et les saucisses mais aussi la choucroute ou le baekenofe, la tarte aux fruits des bois, le tout arrosé d'un bon vin d'Alsace, puis clôturé par le schnaps. ❦

Dans la cuisine

• Le vin d'Alsace le plus adapté à l'accompagnement d'un gibier est le pinot noir.

• La viande de chevreuil (et plus particulièrement les noisettes, découpées dans les filets) doit être cuite rosée. La viande de cet animal devient très vite cartonneuse, dès que l'on insiste un peu trop sur la cuisson.

• Un jeune gibier doit être préparé le plus simplement possible, un gibier plus âgé doit être mariné.

• Accompagnés de pâtes (nouilles ou *spätzle*), les gibiers en sauce sont plus digestes.

• Le canard doit être mangé jeune, c'est un gibier délicat qui ne supporte pas d'être faisandé. Un jeune sujet se reconnaît à son bec flexible. ❦

Les traditionnelles spätzle

C'est très souvent à la saison du gibier que les ménagères alsaciennes se mettent à fabriquer les spätzle qui accompagnent les plats en sauce.

Les spätzle sont l'accompagnement traditionnel des poissons et des gibiers alsaciens. Réalisées par des artisans, elles ont la forme de longs filaments de 5 à 10 cm aux contours irréguliers. Les secrets des fabricants résident dans le mélange de la semoule et des œufs. Dans le pétrin, la pâte des spätzle, légèrement humide, est poussée par un rouleau sur une grille à trous. Les pâtes tombent dans un bain d'eau bouillante. Après cuisson, elles sont lavées à l'eau froide, puis séchées à haute température et conditionnées. ❦

Un Noël gastronomique

C'est pendant la période de Noël que Strasbourg mérite le plus sa réputation de ville gastronomique ! Suivez la foule nombreuse qui se presse autour des boutiques colorées de la place Broglie, l'ancien marché aux chevaux.

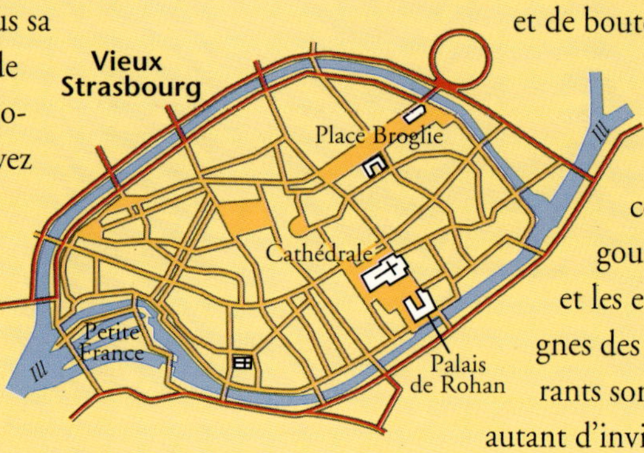

Entre la Saint-Nicolas et le 24 décembre, le marché de Noël ou Christkindelsmaïk, grande kermesse entièrement vouée à la préparation des fêtes de fin d'année, est le rendez-vous de tous les Strasbourgeois. Comme eux, vous ne résisterez pas aux parfums sucrés des gaufres chaudes et des beignets. Entre boules de Noël, crèches et santons, les gâteaux fourrés au miel et au gingembre, les pains d'épice et les bredles sont les hôtes traditionnels des tables alsaciennes. Strasbourg est à bien des titres, un haut-lieu de la gourmandise. Les vitrines des magasins étalent à profusion leurs délices et regorgent de gâteaux, de charcuteries et de bouteilles de vin disposées en rangs serrés.

Chaque rue, chaque place est un coin gourmand et les enseignes des restaurants sont autant d'invites à savourer une cuisine généreuse.

Après avoir visité la majestueuse cathédrale, sillonnez ses alentours et laissez-vous tenter : ici et là, on vous propose des bretzels chauds, fourrés au fromage ou au saumon, une forêt noire crémeuse, des tartes aux fruits, des *kougelhopf* aériens, des pains au pavot, aux graines de sésame, à la bière... mais vous pouvez tout aussi bien pousser la porte d'une winstub, pour déguster un frais vin d'Alsace et vous régaler à tout moment d'un délicieux jambonneau (*wädele*), ou encore d'un beau morceau de munster. ❧

ÉMILE JUNG

Le Crocodile à Strasbourg

- *Crème d'asperges au canard fumé*
- *Soupe de petits pois à l'oie fumée*
- *Œufs pochés aux jets de houblon*
- *Flan d'escargots, crème de persil*
- *Gelée de lapereau et foie d'oie*
- *Rognons de veau au cumin*
- *Poulette fermière et crêtes de coq*
- *Pintade en croûte*
- *Crème brûlée au malt d'orge*
- *Crêpes d'avoine aux pommes*

La tradition et la qualité sont les maîtres mots qualifiant le travail d'Émile Jung. Grand pédagogue, il est le professeur respecté de la plupart des cuisiniers alsaciens. Tout est passion chez ce chef qui maîtrise parfaitement toutes les techniques de la cuisine classique : la passion des produits parfaits et d'une grande fraîcheur, la passion d'une cuisine s'identifiant à une région, la passion des vins qui l'accompagnent avec tant de complicité.

Monique, son épouse, veille sur la salle qui convient parfaitement à la cuisine bourgeoise qu'il fait bon redécouvrir, lorsque certaines modes prêtent à tous les « débordements créatifs » possibles. Émile sait animer de véritables banquets d'habitués avec sa crème d'asperges à l'oie fumée et sa royale de volaille, son lobe de foie gras truffé cuit tel un baekenofe et sa fameuse oie rôtie à la choucroute. Passant de table en table, Émile, le poète, se plaît à bavarder, à parler du dernier bon riesling qu'il vient de découvrir, à donner une ambiance intelligente à ce repas, qui se finit par des desserts rappelant les douceurs de la Saint-Nicolas. ❦

Crème d'asperges au canard fumé

Pour 4 personnes

300 g d'asperges vertes • 300 g d'asperges blanches • 100 g de poitrine de canard fumée • 10 cl de crème fleurette • sel, poivre

Pour le fond blanc clair : 1 carotte • 1 blanc de poireau • 1 oignon • 1 kg de carcasses de canard • 1 pincée de sel • 1 branche de thym • 1 feuille de laurier

Préparation : 40 mn - Cuisson : 2 h 15

1 - Fond blanc clair :
Éplucher et couper la carotte en rondelles. Laver et couper le poireau en tronçons. Éplucher et couper grossièrement l'oignon. Concasser grossièrement les carcasses de canard et les mettre dans une cocotte avec 1,5 litre d'eau froide. Porter à ébullition. Écumer soigneusement, puis ajouter tous les légumes, le sel, le thym et le laurier. Faire reprendre l'ébullition. Couvrir et laisser cuire doucement pendant 2 heures 30. Prendre soin d'écumer plusieurs fois pendant la cuisson. En fin de cuisson, passer au chinois.

2 - Éplucher, puis laver soigneusement toutes les asperges. Porter le fond blanc clair à ébullition et y plonger les asperges. À la reprise de l'ébullition, laisser cuire sur feu vif pendant 8 minutes. Rafraîchir les asperges sous l'eau froide, puis les égoutter. Couper les pointes sur 1,5 centimètre. Réserver séparément les pointes et les queues des asperges.

3 - Couper la poitrine de canard fumée en tout petits dés de 3 millimètres. Réserver.

4 - Ajouter les queues des asperges dans le fond blanc clair et mixer soigneusement le tout. Passer au chinois, puis incorporer la crème fleurette. Porter à ébullition.

5 - Disposer les dés de poitrine de canard fumée et les pointes d'asperges vertes et blanches dans des assiettes creuses. Verser dessus la crème d'asperges bouillante. Servir aussitôt. ❧

Boisson conseillée : eau minérale.

Soupe de petits pois à l'oie fumée

POUR 4 PERSONNES

2 kg de petits pois frais • 80 g de poitrine d'oie fumée (ou de poitrine de canard) • 1 oignon • 100 g de blanc de poireau • 60 g de beurre • 1 pincée de gros sel • 120 g de pain de mie • sel, poivre
Pour le fond blanc de volaille : 1 vieille poule • 3 abattis de volaille • 4 carottes • 1 oignon • 1 gousse d'ail • 1 bouquet garni • 1/4 de l de vin blanc

PRÉPARATION : 40 MN - CUISSON : 3 H 30

1 - FOND BLANC DE VOLAILLE :
Éplucher et couper les carottes en rondelles. Éplucher et couper grossièrement l'oignon et la gousse d'ail. Découper grossièrement la poule et si nécessaire retirer les boules de gras visibles sous la peau.
Mettre les abattis de volaille et la poule dans une cocotte avec le vin blanc et 1,5 litre d'eau froide. Porter à ébullition.
Écumer soigneusement, puis ajouter tous les légumes, un peu de sel et le bouquet garni. Faire reprendre l'ébullition. Couvrir et laisser cuire doucement pendant 3 heures au moins, jusqu'à obtention de 80 centilitres de fond blanc de volaille. Écumer plusieurs fois pendant la cuisson en prenant soin de dégraisser correctement le bouillon. En fin de cuisson, passer au chinois et réserver.
2 - Écosser les petits pois. Couper la poitrine d'oie fumée en tout petits dés de 3 millimètres. Réserver.
3 - Éplucher et couper finement l'oignon. Laver soigneusement le poireau et le couper en fines rondelles. Dans une grande casserole, faire fondre 20 g de beurre et y faire revenir l'oignon et le poireau, sur feu doux. Remuer régulièrement à l'aide d'une cuillère en bois afin de ne pas laisser colorer les légumes. Ajouter ensuite les petits pois écossés et le fond blanc de volaille. Porter le tout à ébullition et assaisonner avec le gros sel. Laisser cuire pendant 10 minutes. Mixer soigneusement et passer la soupe au chinois fin. Rectifier l'assaisonnement si nécessaire. Réserver au chaud.
4 - Couper le pain de mie en petits cubes. Dans une poêle, faire fondre le beurre restant et y faire dorer les croûtons de chaque côté.

5 - AVANT DE SERVIR :
Répartir les dés de poitrine fumée dans les assiettes creuses et verser dessus la soupe de petits pois très chaude. Décorer avec les petits croûtons grillés. ❧

BOISSON CONSEILLÉE : EAU MINÉRALE.

Œufs pochés aux jets de houblon

POUR 4 PERSONNES

160 g de jets de houblon (ou germes de soja) • 1/2 citron • 250 g d'épinards frais • 2 c. à s. de vinaigre • 8 œufs • pluches de cerfeuil • sel, poivre
Pour la sauce hollandaise : 180 g de beurre • 2 cl de vinaigre de vin • 4 c. à s. de riesling • 2 jaunes d'œufs • 1/2 citron

PRÉPARATION : 1 H 00 - CUISSON : 35 MN

1 - Casser la pointe des jets de houblon et les laver. Réserver.
2 - Retirer les queues et les plus grosses côtes des épinards. Les laver, les égoutter, puis les plonger dans une casserole d'eau bouillante salée. À la reprise de l'ébullition, laisser cuire pendant 1 minute. Égoutter soigneusement.
3 - SAUCE HOLLANDAISE :
Dans une casserole, sur feu doux, faire fondre le beurre. Dès qu'il est fondu, le retirer du feu. Enlever l'écume blanche qui surnage et laisser le petit-lait qui s'est déposé au fond. Ne conserver et n'utiliser que le beurre translucide. Réserver ce beurre clarifié dans un récipient au bain-marie tiède en attendant de l'utiliser.
Verser le vinaigre et le riesling dans une petite casserole et laisser réduire des deux tiers. Assaisonner et laisser refroidir. Lorsque le liquide est presque froid, ajouter un à un les jaunes d'œufs en fouettant rapidement. Mettre la casserole dans un bain-marie tiède et augmenter la température progressivement sans cesser de fouetter. Quand la sauce devient crémeuse, retirer du feu et laisser tiédir en continuant de fouetter. Ajouter petit à petit le beurre clarifié tiède en fouettant de plus en plus rapidement. Cette étape demande au minimum de 20 à 30 minutes. Lorsque tout le beurre est incorporé, retirer du feu et passer au chinois. Saler et ajouter quelques gouttes de citron.
4 - Verser 2 litres d'eau et le vinaigre dans une casserole et porter à ébullition. Casser les œufs un par un dans une louche et les déposer délicatement dans l'eau bouillante. Couvrir et laisser pocher pendant 3 minutes. Retirer délicatement les œufs à l'aide d'une écumoire et les déposer dans un bol d'eau tiède. Égoutter sur un linge.
5 - Disposer les épinards, les jets de houblon et les œufs pochés dans les assiettes. Napper de sauce hollandaise et décorer avec le cerfeuil. ❧

VIN CONSEILLÉ : ALSACE SYLVANER, BLANC.

Flan d'escargots à la crème de persil

POUR 4 PERSONNES

20 escargots (en conserve) • 10 cl de crème fleurette • 6 navets • quelques pluches de cerfeuil • sel, poivre
Pour la crème de persil : 150 g de persil • 1 oignon • 10 cl de crème fleurette
Pour le flan : 1/2 gousse d'ail • 25 cl de crème fleurette • 3 œufs entiers • 1 jaune d'œuf • 1 pincée de muscade
Pour le court-bouillon : 4 échalotes • 25 cl de riesling • 25 cl de fumet de poisson • 1 feuille de laurier • 1 branche de thym • 10 grains de poivre • 1 c. à s. de graines de coriandre

PRÉPARATION : 1 H 10 - CUISSON : 1 H 25

1 - Préchauffer le four à 200 °C (th. 7).

2 - CRÈME DE PERSIL :

Laver, puis équeuter le persil (réserver les queues). Le plonger dans une casserole d'eau bouillante salée et laisser cuire pendant 5 minutes. Le rafraîchir sous l'eau froide, puis le sécher dans un linge. Éplucher et hacher l'oignon. Le faire cuire dans la crème fleurette pendant 10 minutes, ajouter les feuilles de persil et mixer le tout pour obtenir une crème. Assaisonner, puis réserver.

3 - FLAN :

Éplucher et hacher l'ail. Mettre la crème fleurette et l'ail haché dans une casserole et porter à ébullition. Fouetter les œufs et le jaune d'œuf. Verser dessus la crème à l'ail et 1 cuillerée à soupe de crème de persil. Bien mélanger, puis passer au chinois. Assaisonner de sel, de poivre et de muscade. Beurrer quatre ramequins et les remplir de ce mélange. Cuire au four, dans un bain-marie, pendant 35 minutes.

4 - COURT-BOUILLON :

Éplucher et hacher les échalotes. Dans une casserole, mettre le riesling, le fumet de poisson, les échalotes, le laurier, le thym, le poivre, la coriandre et 10 queues de persil. Porter à ébullition et laisser cuire pendant 10 minutes. Ajouter les escargots et cuire encore pendant 5 minutes. Égoutter les escargots et passer le court-bouillon au chinois.

5 - Laisser réduire le court-bouillon de moitié. Incorporer la crème fleurette, puis 2 cuillerées à soupe de crème de persil.

6 - Éplucher, laver et couper les navets en vingt cubes de 3 centimètres de côté. Les plonger dans une casserole d'eau bouillante salée et les cuire pendant 15 minutes.

7 - AVANT DE SERVIR :

Réchauffer les escargots dans la crème de persil. Au centre de chaque assiette, étaler une cuillerée à soupe de crème de persil. Y dresser un flan démoulé et napper de sauce. Entourer avec cinq cubes de navets surmontés chacun d'un escargot. Décorer avec le cerfeuil et entourer d'un peu de sauce.

VIN CONSEILLÉ : ALSACE TOKAY-PINOT GRIS, BLANC.

Foie gras d'oie,
gelée de lapereau et crème d'avocat

Pour 4 personnes

3 feuilles de gélatine • 3 râbles de lapereau désossés de 300 g chacun (faire concasser les os par le boucher) • 1 oignon • 1 carotte • 50 g de champignons de Paris • 1 blanc de poireau • 1 noix de beurre • 25 cl de riesling • 40 g de persil • 120 g de foie gras d'oie cuit • sel, poivre Pour la crème d'avocat : 1 jaune d'œuf • 1 c. à c. de moutarde de Dijon • 3 cl de vinaigre de vin blanc • 1/2 citron • 10 c à s. d'huile d'arachide • 1 avocat coupé en petits dés

Préparation : 1 h 20 - Cuisson : 50 mn

1 - La veille :
Faire tremper les feuilles de gélatine dans un bol d'eau froide pendant quelques minutes pour les ramollir. Couper les râbles de lapereau en dés de 1 centimètre de côté. Éplucher, laver et couper l'oignon et la carotte en petits dés. Laver les champignons et le poireau et les tailler en petits dés. Dans une sauteuse, faire revenir tous les légumes avec le beurre. Ajouter le riesling et compléter avec de l'eau afin de recouvrir les légumes. Ajouter les os de lapereau concassés, saler et laisser cuire le tout pendant 30 minutes. Écumer plusieurs fois pendant la cuisson. Retirer les os de la sauteuse et ajouter les dés de lapereau. Laisser cuire encore 5 minutes, puis écumer. Retirer les dés de viande et les légumes et les laisser refroidir.

2 - Mesurer le jus de cuisson. Si nécessaire, le faire réduire jusqu'à obtention de 25 centilitres de liquide. Le passer au chinois et ajouter les feuilles de gélatine égouttées quand il est encore chaud. Mélanger le tout jusqu'à dissolution complète de la gélatine.

3 - Laver, égoutter et hacher le persil. Couper le foie gras d'oie en tranches. Dans le fond de quatre moules individuels, répartir la moitié des dés de lapereau et de légumes. Parsemer de persil et recouvrir avec les tranches de foie gras. Ajouter le reste du lapereau et des légumes, puis napper avec la gelée. Réserver au froid pendant 12 heures.

4 - Le jour même, crème d'avocat :
Dans un bol, mettre le jaune d'œuf, la moutarde, le vinaigre et le jus du demi-citron. Saler, puis fouetter rapidement tout en incorporant l'huile petit à petit. Battre jusqu'à ce que la mayonnaise prenne. Ajouter les dés d'avocat et mixer le tout.

5 - Avant de servir :
Démouler les gelées de lapereau au centre des assiettes. Servir avec la crème d'avocat. Ce plat peut être accompagné d'une salade de tomates et de courgettes.

Vin conseillé : Alsace Pinot, blanc.

Rognons de veau
au cumin et à la bière brune

Pour 4 personnes

600 g d'épinards en branches • 40 g de beurre • 400 g de pommes de terre • 8 c. à s. d'huile d'arachide • 800 g de rognons de veau entiers dégraissés • sel, poivre
Pour la sauce : 8 échalotes • 10 cl de bière brune • 15 cl de riesling • 15 cl de fond de veau brun • 2 c. à s. de cumin ou carvi de Hollande • 50 g de beurre

Préparation : 1 h 40 - Cuisson : 1 h 30

1 - Retirer les queues et les plus grosses côtes des épinards. Les laver soigneusement et plusieurs fois afin de bien en éliminer la terre ou le sable. Égoutter très succinctement. Dans une sauteuse, sur feu vif, mettre 10 g de beurre et ajouter immédiatement les épinards par poignées successives. Les épinards vont rapidement « tomber ». Lorsqu'ils sont tous dans la sauteuse, ajouter 30 g de beurre, assaisonner de sel et de poivre et laisser cuire sur feu moyen, sans couvrir, pendant 10 minutes environ, jusqu'à complète évaporation de l'eau de végétation. Remuer de temps en temps à l'aide d'une cuillère en bois. Réserver au chaud.

2 - Éplucher, laver, puis râper finement les pommes de terre. Dans une poêle de 10 centimètres de diamètre, faire chauffer un peu d'huile. Y étaler une fine couche de râpé de pommes de terre et laisser cuire de chaque côté, sur feu moyen, jusqu'à coloration. Réaliser ainsi huit galettes. Confectionner quatre croustilles en mettant les épinards entre deux galettes de pommes de terre. Réserver au chaud.

3 - Assaisonner les rognons. Les envelopper dans un film alimentaire de façon à former un boudin bien serré. Plonger ce boudin dans une casserole d'eau à 80 °C et le faire pocher pendant 35 minutes. Égoutter et laisser reposer 10 minutes. Retirer le film et couper ce boudin en fines tranches. Réserver au chaud.

4 - Sauce :

Éplucher et hacher les échalotes. Les mettre dans une petite casserole avec la bière et laisser réduire jusqu'à obtention de 3 centilitres (l'équivalent de 3 cuillères à soupe de liquide). Ajouter le riesling et laisser de nouveau réduire jusqu'à 6 centilitres. Incorporer le fond brun de veau et le cumin. Porter à ébullition, puis passer au chinois. Ajouter petit à petit et en fouettant sans arrêt le beurre coupé en petites parcelles. Quand le beurre est fondu, réserver la sauce au bain-marie.

5 - Répartir les tranches de rognons dans les assiettes. Dresser une croustille d'épinards et napper de sauce. ❧

Vin conseillé : médoc, rouge.

Poulette fermière et crêtes de coq au riesling

Pour 4 personnes

200 g de crêtes de coq (à commander chez le volailler) • 4 échalotes • 1 tomate • 1 poulette de 1,6 kg vidée et découpée en 8 morceaux • 50 g de farine • 4 c. à s. d'huile • 60 cl de riesling • 250 g de champignons • 40 cl de crème fleurette • 1/2 citron • 50 g de pain de mie coupé en petits dés • 1 noix de beurre • un petit bouquet de persil • 250 g de nouilles à l'alsacienne • sel, poivre

Préparation : 45 mn - Cuisson : 2 h 00

1 - Laver les crêtes de coq. Les plonger dans une casserole d'eau bouillante salée et les laisser cuire dans l'eau frémissante pendant 1 heure. Les égoutter, puis les couper finement (en réserver 4 entières pour la décoration). Réserver au chaud.

2 - Éplucher et hacher les échalotes. Plonger la tomate dans une casserole d'eau bouillante pendant environ 30 secondes afin de la peler facilement. L'ouvrir, l'épépiner et la couper en petits dés.

Enduire les morceaux de poulette avec la farine sur tous les côtés. Dans une cocotte, faire chauffer l'huile et y faire colorer les morceaux. Jeter l'huile de cuisson, puis ajouter les échalotes hachées, les dés de tomate et le riesling. Couvrir et laisser mijoter pendant 30 minutes. Retirer les morceaux de poulette de la cocotte et les réserver au chaud.

3 - Nettoyer soigneusement les champignons, puis les couper en fines lamelles. Les mettre dans la cocotte avec le jus de cuisson de la poulette. Ajouter la crème fleurette, mélanger délicatement et laisser réduire le tout de moitié, sur feu vif. Incorporer ensuite le jus du demi-citron. Réserver cette sauce au chaud.

4 - Dans une poêle, faire fondre le beurre et y faire dorer les petits dés de pain de mie de chaque côté.

5 - Laver le persil. L'égoutter sur du papier absorbant, puis le hacher. Réserver.

6 - Plonger les nouilles à l'alsacienne dans une casserole d'eau bouillante salée pendant 10 minutes. Les égoutter et les réserver au chaud.

7 - Avant de servir :

Disposer deux morceaux de poulette dans chaque assiette. Recouvrir de sauce aux champignons et parsemer avec les crêtes de coq, les croûtons et le persil haché. Servir avec les nouilles à l'alsacienne. ❧

Vin conseillé : Alsace riesling, blanc.

Pintade en croûte à la strasbourgeoise

Pour 4 personnes

400 g de pâte feuilletée • 120 g de foie gras d'oie cuit • 4 suprêmes de pintade • 1 jaune d'œuf • 1 carotte • 1 chou frisé • 30 g de beurre • sel, poivre
Pour la sauce : 1 carcasse de pintade • 1 carotte • 1 oignon • 40 g de beurre • 8 cl de madère • 8 cl de rivesaltes • 15 cl de fond brun de volaille

Préparation : 45 mn - Cuisson : 1 h 30

1 - Sauce :
Concasser la carcasse de pintade. Éplucher, laver et couper la carotte et l'oignon en petits dés. Dans une casserole, faire fondre 10 g de beurre et y faire revenir les dés de carotte et d'oignon avec la carcasse concassée. Retirer l'excès de graisse, puis ajouter le madère et le rivesaltes en mélangeant soigneusement le tout à l'aide d'une cuillère en bois. Incorporer ensuite le fond brun de volaille. Laisser cuire le tout pendant 30 minutes environ, jusqu'à obtention de 12 centilitres de liquide. Incorporer petit à petit et en fouettant sans arrêt 30 g de beurre coupé en petites parcelles. Quand le beurre est fondu, réserver la sauce dans un récipient au bain-marie.

2 - Étaler la pâte feuilletée en deux rectangles. Couper le foie gras en quatre fines tranches. Saler les suprêmes de pintade et déposer une tranche de foie gras sur chacun. Envelopper deux suprêmes de pintade dans chaque rectangle de pâte feuilletée. Bien refermer et décorer le dessus avec la pointe d'un couteau. Battre le jaune d'œuf à la fourchette, puis en badigeonner les feuilletés de pintade à l'aide d'un pinceau. Réserver.

3 - Préchauffer le four à 200 °C (th. 7). Éplucher, laver, puis canneler la carotte. La couper en petites rondelles. Effeuiller le chou frisé. Plonger les feuilles dans une casserole d'eau bouillante salée. À la reprise de l'ébullition, laisser cuire pendant 5 minutes. Égoutter et laisser refroidir. Couper le chou en fines lanières et réchauffer à la poêle avec 30 g de beurre. Réserver au chaud.

4 - Avant de servir :
Passer les feuilletés de pintade au four pendant 16 minutes. Dès la sortie du four, les découper soigneusement en deux. Servir aussitôt dans chaque assiette accompagné d'un peu de chou. Décorer avec les rondelles de carotte. Ce plat peut être accompagné de lentilles. ❧

Vin conseillé : Alsace pinot noir, rosé.

Crème brûlée au malt d'orge torréfié

Pour 4 personnes

15 g de malt (ou de chicorée soluble) • 1 c. à c. de café soluble • 10 cl de lait • 4 jaunes d'œufs • 50 g de sucre • 30 cl de crème fleurette • 40 g de cassonade

Préparation : 20 mn - Cuisson : 1 h 00

1 - Verser le lait dans une casserole, y ajouter le malt et le café soluble. Mélanger et porter à ébullition. Retirer du feu et passer au chinois fin. Laisser tiédir.

2 - Préchauffer le four à 80 °C (th. 3). Dans un bol, fouetter les jaunes d'œufs avec le sucre jusqu'à obtention d'un mélange crémeux. Incorporer la crème fleurette au lait tiède et verser lentement cette préparation sur les jaunes d'œufs, sans arrêter de fouetter. Lorsque le mélange est homogène, le répartir dans quatre plats à œufs individuels. Cuire au four pendant 1 heure. À la sortie du four, laisser refroidir les crèmes à température ambiante, puis les laisser reposer au réfrigérateur pendant au moins 1 heure.

3 - Avant de servir :
Saupoudrer les crèmes de cassonade et les passer rapidement sous le gril du four pour faire caraméliser la surface. Les surveiller étroitement afin de ne pas les laisser brûler. Servir aussitôt. ❧

Malt : longtemps employé comme succédané du café, le malt provient de l'orge germée, séchée, torréfiée – plus ou moins fortement –, puis réduite en poudre. Cette matière première essentielle à la fabrication de la bière et du whisky contient essentiellement de l'amidon, et sa saveur sucrée provient d'un glucide, le maltose. ❧

Vin conseillé : Alsace Tokay-Pinot gris, vendanges tardives, blanc.

Crêpes d'avoine
aux pommes, raisins et fraises

POUR 4 PERSONNES

400 g de pommes • 1/2 citron • 50 g de sucre • 50 g de raisins secs • 300 g de fraises • 4 c. à s. de confiture d'églantine • un mélange de pistaches, noix, noix de cajou, noisettes
Pour la pâte à crêpes aux flocons d'avoine : 2 œufs • 1 pincée de sel • 90 g de flocons d'avoine • 30 cl de lait
Pour la crème anglaise : 1 gousse de vanille • 25 cl de lait • 2 jaunes d'œufs • 3 c. à s. de sucre

PRÉPARATION : 1 H 00 - CUISSON : 45 MN

1 - PÂTE À CRÊPES :
Battre les œufs dans un saladier. Tout en continuant de fouetter, incorporer la pincée de sel, les flocons d'avoine, puis le lait. Laisser reposer au frais pendant 30 minutes. Faire chauffer une poêle à blinis légèrement huilée ou beurrée et y confectionner douze crêpes. Réserver.

2 - CRÈME ANGLAISE :
Fendre la gousse de vanille dans le sens de la longueur et en extraire les petites graines. Mettre le lait avec les petites graines de vanille dans une casserole et porter à ébullition. Laisser infuser sur le coin du feu. Dans un bol, fouetter les jaunes d'œufs avec le sucre jusqu'à ce que le mélange soit crémeux. Verser dessus le lait bouillant, tout en continuant de fouetter. Placer ce mélange dans un bain-marie, sur feu moyen, et faire cuire jusqu'à épaississement en remuant constamment mais doucement à l'aide d'une cuillère en bois. La crème est cuite lorsqu'elle nappe la cuillère. Réserver au réfrigérateur.

3 - Éplucher les pommes, puis les couper en dés. Les mettre dans une casserole avec le jus du demi-citron, le sucre et les raisins secs. Faire cuire doucement pendant 15 minutes environ, en remuant de temps en temps. Réserver.

4 - Laver et équeuter les fraises.

5 - AVANT DE SERVIR :
Déposer deux crêpes dans chaque assiette. Les garnir avec des pommes très chaudes. En recouvrir une avec une seconde crêpe et la napper de confiture d'églantine. Sur l'autre, répartir les fraises. Les décorer toutes deux avec des pistaches, noix, noix de cajou et noisettes. Servir avec la crème anglaise.

VIN CONSEILLÉ : ALSACE RIESLING, VENDANGES TARDIVES, BLANC.

Le munster

Indissociable de la liste des gourmandises alsaciennes, le munster permet des discussions inimitables de fin de banquet autour de son goût, de son affinage et de son parfum. Dernière question à son sujet : est-il alsacien ou lorrain ?

Depuis le Moyen Âge, dans les vallées des Vosges, comme celles de St-Amarin, de Masevaux et de Munster, l'élevage du bétail a pour but essentiel la production des laitages. À cette époque, le Val St-Amarin produit un beurre délicieux et les moines du Val d'Orbey qui exploitent les pâturages sur le versant alsacien de la montagne vosgienne se consacrent largement à la fabrication du munster, un fromage gras fabriqué à partir du lait entier. Le munster est alors réputé pour bien se conserver. Petit à petit, les moines développent sa fabrication et défrichent toute la région. Les montagnes pauvres deviennent peu à peu des pâturages ou « chaumes » selon le vocable local qui désigne les versants montagneux dégarnis. Sur le versant lorrain des Vosges, les moines alsaciens créent de nouveaux hameaux. Au fil des siècles, les bergers ou marcaires littéralement en alsacien « celui qui trait les vaches » investissent les pâturages de moyenne altitude sur les massifs du Hohneck, du Kastelberg ou du Renthenbachkopf. Le savoir-faire des marcaires se transmet aux fermiers lorrains de Gérardmer qui fabriqueront un fromage du nom de Géromé. C'est seulement en 1969 que l'Institut National des Appellations d'Origine accordera à deux fromages identiques le nom de munster-géromé.
Qu'il soit laitier (à base de lait pasteurisé) ou fermier (fabriqué au lait cru), le munster-géromé affiche 45% de matières grasses minimum, de 13 à 19 centimètres de diamètre et un poids de 450 g à 1,5 kg.

Imitations

Natif de Gérardmer, le géromé, commercialisé en boîtes de bois et appelé « lorraine » est resté proche des plus anciennes présentations du munster. Ce fromage a beaucoup été copié dans les différentes abbayes et malgré l'A.O.C. on trouve des cousins du munster à travers le monde entier. Le limburger, de la province de Limbourg, le monsdeer, originaire de Salzhammergut, spécialités locales du bas-Palatinat et de Suisse, sont des cousins du munster. On trouve aussi des imitations aux Pays-Bas et en Belgique et les Américains sont friands d'un munster traditionnel, fabriqué... au Canada !

Les fermes-auberges

Les fermes-auberges des Hautes-Vosges sont des rendez-vous gourmands à ne pas manquer. Les unes, situées entre 700 et 900 mètres d'altitude sont occupées en permanence par le fermier. Les autres sont des fermes de transhumance qui sont ouvertes pendant tout l'été. L'association des fermes-auberges du Haut-Rhin et

des départements limitrophes vous invite à découvrir la vie typique au sein des marcairies mais également à partager le traditionnel repas marcaire. ❧

Les vaches vosgiennes passent l'été sur les plateaux des hautes chaumes et broutent les herbes de montagne qui parfumeront leur lait et donneront au munster ses saveurs inimitables.

• Choisir un munster à la croûte fine, lisse, brillante et un peu humide. Il doit présenter une couleur allant du jaune orangé au rouge orangé avec un pourtour bien arrondi.
• Renoncer à un fromage présentant des plaques jaune-citron ou des points blancs sur la croûte, signes d'une fabrication peu soignée.

• C'est au printemps et à l'automne, à l'époque du vin nouveau, que le munster est le meilleur. Souple et crémeuse, sa pâte dégage une odeur persistante.
• On peut consommer le munster peu affiné et boire avec celui-ci un gewurztraminer, une bière à température ou un pinot noir. Certains le consomme bien affiné avec un verre de marc de gewurz.
• Dans certains munster, on introduit dans le caillé du cumin des prés ou anis des Vosges qui donne à la pâte une saveur âcre que les véritables amateurs de ce fromage réprouvent totalement. ❦

Le saint-grégoire et le barikas sont également fabriqués dans les fromageries de munster.

LA FABRICATION DU MUNSTER FERMIER

Le lait légèrement mûri est emprésuré à 29-32 °C et sa coagulation dure 1 h 30 environ. Le fermier sabre ensuite les caillots en cubes de la grosseur d'une noix, puis les dépose dans des formes placées sur des planches inclinées. Après l'évacuation du petit-lait, on procède au moulage.
Au troisième jour, les fromages sont salés, puis essuyés après une courte exposition au soleil. En cave, pendant un mois, ils seront frottés légèrement à l'aide d'un linge trempé dans la saumure. ❦

Un banquet d'autrefois

En ville, les belles demeures du quai Anselman vous invitent à une flânerie le long de la Lauter. Sur une place ombragée de tilleuls, vous pourrez goûter les préparations d'un charcutier local qui propose un excellent lard paysan, des saucisses de foie ou encore du jambon fumé. Les charmantes maisons à colombage font place maintenant au domaine forestier de châtaigniers dont vous emprunterez les chemins pour rejoindre Cleebourg et ses petites maisons trapues de viticulteurs.

À la belle saison, le domaine viticole de Cleebourg, le plus septentrional d'Alsace, se découvre à l'occasion d'une promenade à pied. De retour à la cave, vous dégusterez un pinot blanc auxerrois souple et fruité ou encore pinot noir, d'une incontestable fraîcheur.

Le premier dimanche suivant le 14 juillet, se déroule à Seebach la Streisselhochzeit. À l'occasion de cette fête de village, chaque ferme confectionne les plats que l'on servait autrefois lors des banquets de noce.

Accueillis par les fermiers vêtus de costumes traditionnels, vous pourrez par exemple goûter les fameuses *flasch-knepfle* ou boulettes de viande, le *saumache* ou estomac de porc farci, les galettes de pommes de terre, le fromage blanc...

Vous ferez halte à Betschdorf, petit bourg célèbre pour ses ateliers de poteries en grès gris à décor bleu, typiquement alsaciennes. Vous emporterez parmi les pièces tournées à la main et vernies au sel, des assiettes, un moule à *kougelhopf*, des caquelons... et vous prendrez le temps de visiter le petit musée de la poterie, où vous découvrirez une jolie collection de céramiques ainsi qu'un ancien atelier entièrement reconstitué.

Pierre Ludwig

Restaurant de l'Ange à Wissenbourg

- *Dampfnudel au foie gras*
- *Matelote de poissons d'eau douce*
- *Schniederspaedle de truite*
- *Dampfnudel aux écrevisses*
- *Ballotine de poule faisane*
- *Baekenofe de lapin et pieds de porc*
- *Presskopf de queue de bœuf*
- *Wunderfitzle*
- *Apfelkiechel, sorbet aux pommes*
- *Dampfnudel fourrés aux quetsches*

Dans la charmante petite ville frontalière de Wissembourg, au bord de la Lauter, il fait bon être accueilli par le véritable aubergiste Pierre Ludwig. Derrière ses bacchantes d'officier, se cache le sourire d'un ami qui vous attend pour un véritable festin. Le terroir, il le décline avec la malice des chefs qui sont allés faire leurs classes chez les plus grands Maîtres de l'Alsace. La forêt et les rivières sont là pour lui procurer tous les plaisirs de l'inspiration, pour donner à sa carte un air incomparable de nature et de fraîcheur. Les ramasseurs de champignons et de baies sauvages n'oublient jamais de passer à l'Ange pour proposer leur récolte qui sera aussitôt mise en œuvre pour le plus grand plaisir des gourmets. Le chou nouveau est arrivé et Pierre se lance dans la fabrication d'une choucroute que toute sa fidèle clientèle attend chaque année avec impatience. La rusticité des plats aux consonances très alsaciennes est sublimée par un chef dont la créativité est sans cesse en éveil.

Dampfnudel au foie gras de canard

Pour 4 personnes

1 foie gras de canard de 450 g, cuit • 1 grappe de raisin • 20 cl de gewurztraminer • 2 c. à s. de graisse de canard • 1 pincée de sel • 10 cl d'huile d'arachide • herbes hachées : cerfeuil, ciboulette

Pour la pâte : 250 g de farine • 12 cl de lait • 10 g de sucre • 1 pincée de sel • 1 œuf • 10 g de levure de boulanger • 45 g de beurre ramolli

Préparation : 1 h 30 - Cuisson : 10 mn

1 - Pâte :
Sur le plan de travail, former un puits avec la farine. Verser le lait au milieu et mélanger du bout des doigts. Ajouter le sucre, le sel et l'œuf. Mélanger le tout jusqu'à complète absorption de la farine. Incorporer alors la levure. Pétrir la pâte en la repliant plusieurs fois sur elle-même jusqu'à ce qu'elle soit bien lisse, pendant 15 minutes environ. Elle doit se détacher facilement du plan de travail. Incorporer alors le beurre ramolli et continuer de pétrir jusqu'à ce que la pâte soit parfaitement homogène et lisse. Déposer la pâte dans un bol. Couvrir le tout d'un linge propre et réserver dans un endroit tiède. Quand la pâte a doublé de volume, au bout de 2 heures environ, la retravailler rapidement. Répéter l'opération une autre fois à 2 heures d'intervalle.

2 - Couper le foie gras en quatre morceaux égaux.

3 - Étaler la pâte en un rectangle de 40 centimètres sur 20. À l'aide d'un emporte-pièce rond de 8 centimètres de diamètre, découper huit cercles dans la pâte. Humidifier quatre d'entre eux et déposer au centre les morceau de foie gras. Recouvrir avec les cercles restants et les souder ensemble en appuyant sur les bords avec le doigt, en prenant soin que le foie gras se trouve au centre. Laisser lever à température ambiante pendant 1 heure 30.

4 - Laver, éplucher et épépiner les raisins.

5 - Mélanger le gewurztraminer, la graisse de canard et le sel. Réserver cette vinaigrette.

6 - Dans une cocotte, faire chauffer l'huile et y faire dorer les *dampfnudel* d'un côté. Les retourner. Ajouter 10 centilitres d'eau salée et les raisins. Couvrir et laisser cuire 2 minutes.

7 - Dresser les *dampfnudel* bien chauds dans 4 assiettes. Décorer avec les herbes et les raisins égouttés. Servir la vinaigrette au gewurztraminer à part. ❧

Vin conseillé : Alsace gewurztraminer, blanc.

Matelote de poissons, knepfle au fromage

POUR 4 PERSONNES

500 g d'oignons grelots • 1 c. à s. d'huile d'olive • 90 g de beurre • 1/2 l de bouillon de volaille • 1 c. à s. de sucre • 1 branche de thym • 200 g de filet de sandre • 200 g de filet de truite • 200 g de filet de brochet • 200 g de filet d'anguille • 1 blanc de poireau • 25 cl de riesling • 50 cl de fumet de poisson • 20 cl de crème fleurette • 1 jaune d'œuf • quelques feuilles de persil • sel, poivre

Pour les knepfle : 350 g de fromage blanc • 3 œufs • 2 pincées de sel • 250 g de farine • 1 pincée de muscade râpée

PRÉPARATION : 1 H 30 - CUISSON : 10 MN

1 - Éplucher les oignons grelots. Dans une sauteuse, sur feu moyen, faire chauffer l'huile d'olive et 50 g de beurre et y ajouter les oignons. Verser le bouillon de volaille, assaisonner, ajouter le sucre et le thym. Cuire sur feu moyen 25 à 30 minutes. Remuer les oignons de temps en temps. Lorsque le bouillon commence à bien diminuer, vérifier le degré de cuisson des oignons. S'ils ne sont pas assez cuits, ajouter un peu d'eau et poursuivre la cuisson. En fin de cuisson, tout le liquide doit avoir disparu et les légumes doivent être brillants. Retirer le thym et réserver.

2 - KNEPFLE :

Dans un bol, mélanger la farine avec le fromage blanc, les œufs, le sel et la muscade râpée. Lorsque la pâte est homogène, former les *knepfle* en les moulant à l'aide de deux cuillères à soupe. Les plonger dans une casserole d'eau frémissante. Ils sont cuits lorsqu'ils remontent à la surface. Égoutter et réserver.

3 - Laver tous les filets de poissons, puis les couper en goujonnettes (petites bandes taillées en biais). Laver, puis couper le poireau en fines rondelles. Dans une sauteuse, faire fondre 20 g de beurre et y faire revenir le poireau jusqu'à légère coloration. Ajouter les poissons, le riesling et le fumet de poisson. Porter le tout à ébullition et laisser frémir pendant 2 minutes. Retirer les poissons de la sauteuse et laisser réduire le jus de cuisson des deux tiers. Incorporer la crème, puis, hors du feu, le jaune d'œuf.

4 - Faire dorer la moitié des *knepfle* à la poêle avec le beurre restant.

5 - AVANT DE SERVIR :

Dresser les poissons et les oignons grelots dans les assiettes. Napper de sauce, parsemer de persil. Entourer avec les *knepfle* natures et les *knepfle* dorés au beurre. ❧

VIN CONSEILLÉ : ALSACE RIESLING, BLANC.

Schniederspaedle de truite
à la confiture d'oignons

Pour 4 personnes

4 gros oignons • 1 c. à s. d'huile d'olive • 100 g de beurre • 25 cl de vinaigre de miel • 2 truites saumonées de 1 kg chacune, en filets et sans peau • 6 tranches de pain • 50 cl de crème fraîche • quelques brins de ciboulette • 1 c. à s. de sucre • sel, poivre

Pour la pâte : 300 g de farine • 3 œufs • 1 c. à s. d'huile d'olive

Préparation : 1 h 10 - Cuisson : 1 h 15

1 - Pâte :

Mélanger la farine avec les œufs et l'huile d'olive. Lorsque la pâte est homogène, la laisser reposer au frais pendant 30 minutes.

2 - Éplucher les oignons. Dans une poêle, sur feu moyen, faire chauffer l'huile d'olive et 30 g de beurre et y ajouter les oignons et le sucre. Laisser caraméliser, puis verser 15 centilitres de vinaigre et 10 centilitres d'eau. Assaisonner de sel et de poivre. Cuire sur feu doux, sans couvrir, pendant 1 heure. Remuer délicatement les oignons de temps en temps. Si nécessaire, ajouter un peu d'eau en cours de cuisson. Réserver cette confiture d'oignons.

3 - Rincer les filets de truite et, si nécessaire, retirer les arêtes restantes. Couper les filets en petits carrés de 2 centimètres de côté. Saler et réserver.

4 - À l'aide d'un laminoir à nouilles, étaler la pâte le plus finement possible. Détailler des carrés de pâtes de 10 à 12 centimètres de côté. Humidifier légèrement les bords avec un pinceau trempé dans l'eau.

Déposer un peu de confiture d'oignons ainsi qu'un morceau de truite au centre de chaque carré de pâte.

Rabattre les bords de façon à former des triangles et presser dessus avec le doigt pour bien les sceller. Prévoir cinq à six *schniederspaedle* par personnes. Les plonger dans une grande casserole d'eau bouillante salée et laisser cuire pendant 40 à 50 secondes. Les passer ensuite dans de l'eau glacée pour stopper la cuisson.

5 - Couper le pain en petits cubes. Dans une poêle, faire fondre 70 g de beurre et faire dorer ceux-ci de chaque côté.

6 - Avant de servir :

Dans une sauteuse, faire chauffer la crème et le vinaigre restant sans laisser bouillir. Saler et fouetter énergiquement. Ajouter les *schniederspaedle* et laisser chauffer. Servir dans les assiettes avec les croûtons et la ciboulette.

Vin conseillé : Alsace Pinot, blanc.

Dampfnudel
aux écrevisses et au chou vert

Pour 4 personnes

1 carotte • 1 poireau • 200 g de fenouil frais • 1 oignon • 2 gousses d'ail • 12 écrevisses • 10 cl d'huile d'olive •1 bouquet garni • 1 c à c. de concentré de tomates • 3 cl de cognac • 10 cl de Noilly Prat • 20 cl de vin blanc • 2 cl de crème fleurette • 1 chou frisé • 10 cl d'huile d'arachide • 1 noix de beurre • sel, poivre
Pour la pâte : 500 g de farine • 25 cl de lait • 20 g de sucre • 1 c. à c. de sel • 2 œufs • 25 g de levure de boulanger • 90 g de beurre ramolli

Préparation : 2 h 00 - Cuisson : 10 mn

1 - Pâte :
Voir recette *Dampfnudel au foie gras de canard,* étape 1, page 100.

2 - Éplucher, laver, puis râper la carotte. Laver et couper grossièrement le poireau et le fenouil. Éplucher et hacher l'oignon et l'ail. Retirer le boyau intestinal des écrevisses. Pour cela, tirer sur l'écaille centrale de la queue en effectuant un quart de tour pour extraire le boyau qui peut donner un mauvais goût à l'écrevisse. Dans une sauteuse, faire revenir rapidement les écrevisses avec l'huile d'olive. Ajouter la carotte, le poireau, le fenouil, l'oignon, l'ail, le bouquet garni et le concentré de tomates. Laisser revenir sur feu vif quelques minutes. Ajouter le cognac et flamber. Incorporer le Noilly Prat, le vin blanc et 20 centilitres d'eau. Retirer les écrevisses après 5 minutes de cuisson et en décortiquer huit. Passer le jus de cuisson au chinois, laisser réduire de moitié et ajouter la crème. Réserver au chaud.

3 - Étaler la pâte en un rectangle de 20 centimètres sur 40. À l'aide d'un emporte-pièce de 8 centimètres de diamètre, découper huit ronds dans la pâte. Humidifier quatre d'entre eux et déposer au centre deux écrevisses décortiquées. Recouvrir avec les cercles restants et les souder ensemble en appuyant sur les bords avec le doigt et en prenant soin que les crustacés se trouvent au centre. Laisser lever à température ambiante pendant 1 heure 30.

4 - Laver et couper le chou en lamelles et cuire à l'eau bouillante salée pendant 10 à 15 minutes sur feu vif. Égoutter.

5 - Dans une cocotte, faire chauffer l'huile et y faire dorer les *dampfnudel* d'un côté. Les retourner et ajouter 10 centilitres d'eau salée. Couvrir et laisser cuire pendant 2 minutes environ.

6 - Réchauffer les quatre écrevisses restantes à la poêle avec le beurre.

7 - Servir les *dampfnudel* chauds accompagnés du chou, des écrevisses entières et de la sauce.

Vin conseillé : Alsace Tokay-Pinot gris, blanc.

Ballottine de poule faisane

Pour 4 personnes

1 kg de choucroute crue • 1 oignon • 3 gousses d'ail • 1 c. à s. d'huile d'arachide • 10 baies de genièvre • 75 cl de riesling • 1 bouquet de persil • 400 g de champignons des bois • 60 g de beurre • 1 carotte • 4 échalotes • 30 cl de fond blanc de volaille • 3 tranches de pain de mie coupées en petits dés • 1 belle poule faisane désossée à cru (faire concasser les os par le boucher) • sel, poivre

Pour les griesknepfle : 50 cl de lait • 100 g de semoule de blé tendre • 1 pincée de noix muscade râpée • 1 œuf

Préparation : 1 h 30 - Cuisson : 2 h 00

1 - Rincer la choucroute sous l'eau tiède, puis l'égoutter. Éplucher et hacher l'oignon et 2 gousses d'ail. Dans une sauteuse, faire revenir l'oignon et les gousses d'ail avec l'huile, jusqu'à légère coloration. Ajouter la choucroute, les baies de genièvre et 50 centilitres de riesling. Couvrir et laisser cuire sur feu doux pendant 1 heure.

2 - Laver et effeuiller le persil.

3 - Nettoyer les champignons. Les poêler 5 minutes, sur feu vif avec 20 g de beurre.

4 - Griesknepfle :

Porter le lait à ébullition. Ajouter la semoule, une pincée de sel et la muscade. Laisser épaissir sur feu doux. Retirer du feu et incorporer l'œuf, un tiers des champignons et un peu de persil. Mouler ce *griesknepfle* au fond d'une terrine et réserver au frais pendant 1 heure.

5 - Préchauffer le four à 180 °C (th. 6). Éplucher, laver et couper la carotte et les échalotes en dés. Éplucher et écraser la gousse d'ail restante. Mettre les os concassés dans une casserole et les faire dorer avec la carotte, les échalotes et l'ail. Ajouter 25 centilitres de riesling et le fond blanc. Mélanger et laisser réduire le tout de moitié. Passer ce jus au chinois. Réserver au chaud.

6 - Faire dorer les dés de pain de mie à la poêle avec 20 g de beurre. Cuire le persil restant dans unc casserole d'eau bouillante pendant 2 minutes. Égoutter. Étaler la poule faisane désossée et déposer dessus les petits croûtons et le persil. Rouler la poule, puis la ficeler en forme de saucisson. Passer au four pendant 15 minutes.

7 - Démouler et trancher le griesknepfle. Poêler les tranches pendant quelques minutes avec 20 g de beurre. Réchauffer les champignons restants.

8 - Avant de servir :

Dresser la choucroute égouttée au centre de chaque assiette, le saucisson de poule tranché autour, ainsi que les *griesknepfle*. Napper avec le jus et décorer avec les champignons.

Vin conseillé : Alsace riesling, blanc.

Baekenofe de lapin et pieds de porc

Pour 4 personnes

2 pieds de porc • 300 g de carottes • 200 g de blancs de poireaux • 600 g de petites pommes de terre (roseval) • 6 échalotes • 6 gousses d'ail • 1 lapin fermier découpé en 8 morceaux • 1 c. à s. de graines de coriandre • 2 clous de girofle • 1 feuille de laurier • 1 branche de thym • 1 bouteille de pinot noir • 300 g de farine • 500 g de mâche • 1 c. à s. de vinaigre • 3 c. à s. d'huile d'olive • sel, poivre

Préparation : 1 h 00 - Cuisson : 3 h 00

1 - Couper les pieds de porc dans la longueur, puis couper chaque moitié en trois. Éplucher, laver, puis couper les carottes en tronçons de 2 à 3 centimètres. Laver soigneusement les blancs de poireaux, puis les couper en tronçons de même taille. Éplucher et laver les pommes de terre. Les conserver entières. Éplucher les échalotes et les gousses d'ail. Assaisonner les morceaux de lapin, les morceaux de pieds de porc ainsi que tous les légumes de sel, de poivre et de coriandre concassée.

2 - Préchauffer le four à 250 °C (th. 8). Déposer les clous de girofle, la feuille de laurier et six morceaux de pieds de porc dans le fond d'une grande terrine en terre cuite. Recouvrir avec une couche de légumes. Mettre ensuite les morceaux de lapin, puis une autre couche de tous les légumes restants. Finir avec les six morceaux de pieds de porc restants et la branche de thym. Ajouter le pinot noir jusqu'à hauteur des pieds de porc.

3 - Confectionner une pâte avec la farine et 15 centilitres d'eau. Rouler cette pâte sous la paume des mains afin d'obtenir un long boudin. Coller ce boudin de pâte sur le pourtour de la terrine et poser le couvercle par-dessus. Appuyer sur le couvercle afin de fermer hermétiquement la terrine et enfourner. Baisser la température du four à 180 °C (th. 6) au bout de 1 heure et laisser cuire encore pendant 2 heures.

3 - Laver soigneusement la mâche. Dans un bol, mettre une pincée de sel à dissoudre dans le vinaigre. Ajouter l'huile et un peu de poivre. Bien mélanger, puis verser cette vinaigrette sur la mâche.

4 - Servir la terrine sur la table et l'ouvrir devant les convives. Accompagner avec la salade de mâche.

Vin conseillé : Alsace pinot noir, rouge.

Presskopf de queue de bœuf, et foie gras de canard

POUR 1 TERRINE

150 g de foie gras de canard cuit • sel, poivre • gros sel
Pour le pot-au-feu : 1 langue de veau • 3 carottes • 1 poireau • 1 branche de céleri • 1 oignon • 2 gousses d'ail • 1 belle queue de bœuf d'environ 1,2 kg • 1 feuille de laurier • 2 clous de girofle

PRÉPARATION : 1 H 20 - CUISSON : 6 H 15

1 - LA VEILLE :
Laisser dégorger la langue de veau dans un saladier d'eau froide vinaigrée pendant 3 heures environ.

2 - POT-AU-FEU :
Éplucher et laver les carottes. Laver soigneusement le poireau et la branche de céleri. Éplucher l'oignon. Éplucher et écraser les gousses d'ail. Mettre les morceaux de queue de bœuf et la langue de veau dans une cocotte, recouvrir d'eau froide et porter à ébullition. Écumer soigneusement, puis assaisonner. Ajouter les carottes, le poireau, le céleri, l'oignon, l'ail, le laurier et les clous de girofle. Porter de nouveau à ébullition et écumer. Laisser cuire le tout sur feu doux pendant 5 à 6 heures. Écumer plusieurs fois pendant la cuisson. En fin de cuisson, retirer les viandes et les légumes de la cocotte (ne pas conserver les oignons et l'ail). Laisser le bouillon refroidir un peu, puis retirer les graisses remontées à la surface. Passer ensuite au chinois fin. Quand le bouillon est complètement froid, retirer la couche de graisse de la surface.

3 - Remettre le bouillon du pot-au-feu sur le feu et laisser réduire jusqu'à obtention d'une consistance sirupeuse.

4 - Désosser la queue de bœuf. Retirer la peau de la langue de veau, puis la couper en tranches de 1 centimètre d'épaisseur. Couper le foie gras en tranches de même épaisseur. Couper les carottes, le poireau et le céleri en rondelles. Dans une terrine, disposer joliment les légumes et les viandes en couches successives. Verser dessus le fond de cuisson à hauteur, recouvrir d'un linge, puis d'une petite planche de même dimension que la terrine. Mettre des poids par-dessus et laisser reposer au réfrigérateur pendant 12 heures. Réserver le restant de bouillon.

5 - LE JOUR MÊME, AVANT DE SERVIR :
Faire réchauffer le restant de bouillon dans une petite casserole. Démouler la terrine, puis la couper en tranches. Disposer 3 tranches de terrine dans chaque assiette. Napper de bouillon tiède et saupoudrer de gros sel. Servir avec quelques légumes.

VIN CONSEILLÉ : ALSACE SYLVANER, BLANC.

Wunderfitzle

Pour 4 personnes

Un mélange de 100 g de quetsches confites, 50 g de mirabelles au sirop (conserver le sirop à part) et 50 g de coings confits • 1 jaune d'œuf • 3 c à s. de crème fleurette • sucre glace
Pour la pâte : 300 g de farine • 30 g de levure chimique • 30 g de sucre vanillé • 1 c. à c. de sel • 250 g de fromage blanc • 130 g de beurre ramolli
Pour la glace à la vanille : 1 gousse de vanille • 50 cl de lait • 4 jaunes d'œufs • 175 g de sucre

Préparation : 1 h 00 - Cuisson : 35 mn

1 - Pâte :
Mélanger tous les ingrédients. Travailler la pâte jusqu'à ce qu'elle soit lisse et souple. L'étaler, puis la replier plusieurs fois sur elle-même. Renouveler l'opération et réserver la pâte au frais pendant 1 heure.
2 - Glace à la vanille :
Fendre la gousse de vanille dans le sens de la longueur et en extraire les petites graines. Porter à ébullition le lait avec les petites graines de vanille. Laisser infuser sur le coin du feu. Dans un saladier, fouetter les jaunes d'œufs avec le sucre jusqu'à ce que le mélange soit crémeux.
Verser doucement le lait bouillant sur les jaunes sans arrêter de fouetter. Faire cuire sur feu doux, jusqu'à épaississement, en remuant constamment mais doucement à l'aide d'une cuillère en bois.
La crème est cuite lorsqu'elle nappe la cuillère. Passer dans une sorbetière. Réserver au congélateur.
3 - Préchauffer le four à 180 °C (th. 6).
4 - Mélanger tous les fruits. Étaler la pâte sur 5 millimètres d'épaisseur, puis y découper des carrés de 6 à 8 centimètres de côté. Déposer un peu du mélange de fruits au centre de chaque carré.
À l'aide d'un pinceau trempé dans l'eau, humidifier légèrement les quatre coins des pâtes. Replier les quatre coins vers le centre et les presser ensemble pour les sceller. Dans un bol, battre le jaune d'œuf avec la crème fleurette. À l'aide d'un pinceau, badigeonner les *wunderfitzle* avec ce mélange. Les déposer sur la plaque du four préalablement beurrée et farinée. Faire cuire au four pendant 35 minutes.
5 - Avant de servir :
Napper chaque assiette du sirop des mirabelles et y déposer trois *wunderfitzle* chauds ou tièdes. Saupoudrer de sucre glace et accompagner avec la glace à la vanille. ❧

Vin conseillé : alsace gewurztraminer, blanc.

Apfelkiechel,
sorbet aux pommes vertes et compote aux épices

POUR 4 PERSONNES

400 g de sucre • 6 pommes (belle de Boskoop) • 70 g de beurre • 1 pincée d'épices à pain d'épice (anis, cannelle, clous de girofle, gingembre, muscade, etc.) • sucre • cannelle en poudre
Pour la pâte à crêpes : 125 g de farine • 4 œufs • 60 g de beurre • 1 pincée de sel • 30 cl de lait
Pour le sorbet aux pommes vertes : 125 g de sucre • 1 citron • 4 pommes (granny smith)

PRÉPARATION : 1 H 30 - CUISSON : 30 MN

1 - PÂTE À CRÊPES :
Battre les œufs entiers. Continuer de fouetter et incorporer successivement la farine, le beurre préalablement fondu, le sel, puis le lait. Laisser reposer la pâte à crêpes au frais pendant 1 heure.

2 - SORBET AUX POMMES VERTES :
Mettre 125 g de sucre et 15 centilitres d'eau dans une casserole, porter le tout à ébullition, puis retirer ce sirop du feu. Éplucher les pommes granny smith, puis les couper grossièrement. Les arroser avec le jus du citron, puis les passer au mixeur jusqu'à obtention d'une texture fluide et lisse. Mélanger soigneusement cette fine purée de pommes avec le sirop. Passer dans une sorbetière et réserver au congélateur.

3 - Éplucher quatre pommes belle de Boskoop, puis les couper en dés. Les mettre dans une casserole avec 50 g de beurre, le sucre et les épices à pain d'épice. Faire cuire doucement pendant 15 minutes environ, en prenant soin de remuer délicatement de temps en temps. Laisser refroidir, puis réserver au frais.

4 - Éplucher les deux pommes restantes, puis les couper chacune en quatre. Dans un petit poêlon à crêpes ou une petite poêle, faire fondre le beurre restant et y faire dorer les quartiers de pommes de chaque côté. Lorsqu'ils sont bien dorés, retirer six quartiers de pommes du poêlon pour n'en laisser que deux. Verser dessus un peu de pâte à crêpes et laisser cuire sur feu doux. Retourner l'*apfelkiechel* et laisser dorer l'autre côté. Confectionner les trois autres *apfelkiechel* de la même manière.

5 - AVANT DE SERVIR :
Dresser un *apfelkiechel* chaud dans chaque assiette. Le saupoudrer de sucre et de cannelle. À l'aide de 2 cuillères à soupe, mouler trois quenelles de compote de pommes aux épices. Les déposer sur les côtés de l'assiette, intercalées avec trois quenelles de sorbet aux pommes vertes.

VIN CONSEILLÉ : ALSACE GEWURZTRAMINER, VENDANGES TARDIVES, BLANC.

Dampfnudel fourrés aux quetsches confites

Pour 4 personnes

1 kg de quetsches • 200 g de sucre • 1 pincée de cannelle • 10 cl d'huile d'arachide
Pour la pâte : 500 g de farine • 25 cl de lait • 20 g de sucre cristallisé • 5 g de sel • 2 œufs • 25 g de levure de boulanger • 90 g de beurre
Pour la glace à la cannelle et au kirsch : 1/2 l de lait • 1/2 c. à c. de cannelle • 3 jaunes d'œufs • 175 g de sucre • 1 c. à c. de kirsch

Préparation : 1 h 30 - Cuisson : 30 mn

3 - Préchauffer le four à 80 °C (th. 3). Laver et couper les quetsches en deux, les dénoyauter, puis les déposer sur la plaque du four. Saupoudrer avec le sucre et la cannelle. Laisser cuire au four 1 heure. Réserver séparément les quetsches et leur jus de cuisson.

4 - Étaler la pâte en deux rectangles égaux de 24 centimètres sur 40. Humidifier légèrement un des deux rectangles et y déposer des petits tas de quetsches en les espaçant de 5 centimètres. Recouvrir avec le second rectangle de pâte et les souder ensemble en appuyant avec le doigt entre les fruits. À l'aide d'un emporte-pièce de 8 centimètres de diamètre, découper des ronds dans la pâte en prenant soin que les quetsches se trouvent au centre. Laisser lever les *dampfnudel* à température ambiante pendant 1 heure 30.

5 - Dans une cocotte, faire chauffer l'huile et y faire dorer les *dampfnudel* d'un côté. Les retourner et ajouter 10 centilitres d'eau fortement sucrée. Couvrir et laisser caraméliser 2 minutes.

1 - Pâte :
Voir recette *Dampfnudel au foie gras de canard,* étape 1, page 100.

2 - Glace :
Faire bouillir le lait avec la cannelle. Fouetter les jaunes d'œufs avec le sucre jusqu'à obtention d'un mélange crémeux. Verser doucement le lait bouillant sur les jaunes sans arrêter de fouetter. Faire cuire sur feu très doux, jusqu'à épaississement, en remuant constamment mais doucement à l'aide d'une cuillère en bois. La crème est cuite lorsqu'elle nappe la cuillère. Retirer du feu et laisser refroidir. Ajouter le kirsch. Passer dans une sorbetière. Réserver au congélateur.

6 - Servir les *dampfnudel* tièdes accompagnés du jus de cuisson des quetsches et de la glace à la cannelle et au kirsch.

Vin conseillé : vin de groseille.

Les pâtisseries alsaciennes

Les cannelures du kougelhopf sont autant de morceaux à partager entre les convives. Parmi les nombreuses pâtisseries, il est le témoin de l'esprit de convivialité et d'hospitalité des Alsaciens.

Les *bredle* : ces petits fours de formes diverses (étoiles, cœurs, oiseaux, anges, croix, sapins...) sont confectionnés en abondance à l'occasion des fêtes de Noël. À partir d'une pâte au beurre, aux œufs et peu sucrée, les *bredle* sont aromatisés à la cannelle, au citron confit, aux amandes pilées. Parfumés à l'eau de rose, ce sont des *schowe-bredle* et à l'anis les *anisbredle.*

Les *bretzel* : sucrés, les *bretzel* appartiennent à la grande famille des brioches. Salés, stimulant la soif, les *bretzel* sont les meilleurs compagnons de la bière. De formes et de tailles diverses, confectionnés à partir d'une pâte levée saupoudrée de sel, les *bretzel* frais agrémentent délicieusement le temps de l'apéritif.

Le kougelhopf : connu depuis fort longtemps sous des formes variées, ce gâteau simple et rustique cuit dans un moule cannelé en terre vernissée avec trognon central s'est imposé en Alsace au milieu du 18e siècle. La Reine Marie-Antoinette en raffolait et Carême en fît le gâteau à la mode sous Napoléon 1er.

Le pain d'épice : tout d'abord préparé dans les couvents pour la fête de la Saint Nicolas, le pain de miel aux épices ou *lebkuchen* (mot d'origine germanique qui signifie doux et sucré) s'imposa au fil des siècles comme l'hôte obligé des fêtes patronales ou comme cadeau de bienvenue destiné à d'illustres visiteurs. Saint-Nicolas accompagné de son âne demeure de nos jours le cadeau rituel en pain d'épice du six décembre.

Les tartes : les plus anciennes furent sans doute la tarte aux amandes (*kaiser-kuchen*) et la tarte aux raisins de Corinthe et au lard (*reiss-kuchen*). Tartes sucrées ou salées, la variété des saveurs est impressionnante et certainement pas exhaustive. Citons : aux légumes, à la viande, aux oignons, aux fruits frais ou séchés, aux épices, avec de la compote, des confitures. Certaines symbolisent plus que d'autres la gourmandise alsacienne : la tarte aux quetsches, saupoudrée de cannelle, la tarte aux pommes, la tarte au fromage blanc, à la rhubarbe et la délicieuse tarte à la groseille. Petit à petit, les tartes s'imposèrent sur les tables des fêtes familiales et patronales pour acquérir le statut de dessert.

Le kougelhopf remplace les croissants dans les petits déjeuners dominicaux alsaciens et il est souvent préparé la veille car on le préfère un peu rassis.

TRADITIONS

• Au Moyen Âge, les jours de fête, les *bretzel* remplaçaient le pain de seigle. À la fin du 15e siècle, ils deviennent l'emblème des boulangers lors de la création de leur corporation. Quant à leur forme, la légende prétend qu'elle est l'expression d'un rituel lié au culte solaire.

• Appelé *harzlebkueche*, le pain d'épice des amoureux représentait autrefois un cœur géant et servait à la déclaration d'amour des jeunes gens. De nos jours, cette messagerie se poursuit par des aphorismes tracés à l'aide de sucre glace.

• Selon la légende, la ville de Ribeauvillé serait le berceau du kougelhopf. Pour remercier le potier Kugel de son hospitalité, les rois mages créèrent un moule spécial.

PETIT LEXIQUE PATISSIER

• **Anisbrod** : petit gâteau à l'anis
• **Mannala** : petit pain au lait en forme de Saint-Nicolas
• **Schenkele** : gâteau de Noël aromatisé au kirsch, aux amandes et au sucre glace
• **Wecke** : pain aux amandes et aux fruits.

GASTRONOMIE.

• La tarte flambée ou *flammeküche* est un mets rustique fort ancien, originaire du nord de l'Alsace. Indissociable du monde rural et particulièrement des régions où l'on cultivait le houblon, la tarte flambée était préparée le jour de la cuisson du pain. Sa recette actuelle demeure inchangée : à base de pâte à pain, elle est garnie de crème, d'oignons et de lardons ou encore de fromage blanc, de crème et de jaunes d'œufs. La tarte flambée s'accompagne d'un verre de sylvaner bien frais.

• La cuisson du kougelhopf dans un moule en terre vernissé donne à celui-ci une saveur incomparable. Pierre Hermé et Christophe Felder, grands pâtissiers alsaciens en exil, l'on remis à la mode des petits déjeuners parisiens.

• Le pain d'épice est consommé le plus fréquemment au goûter. Il s'emploie parfois pour épaissir une sauce ou un ragoût notamment lorsqu'il s'agit d'une cuisine à la bière.

À la découverte des traditions

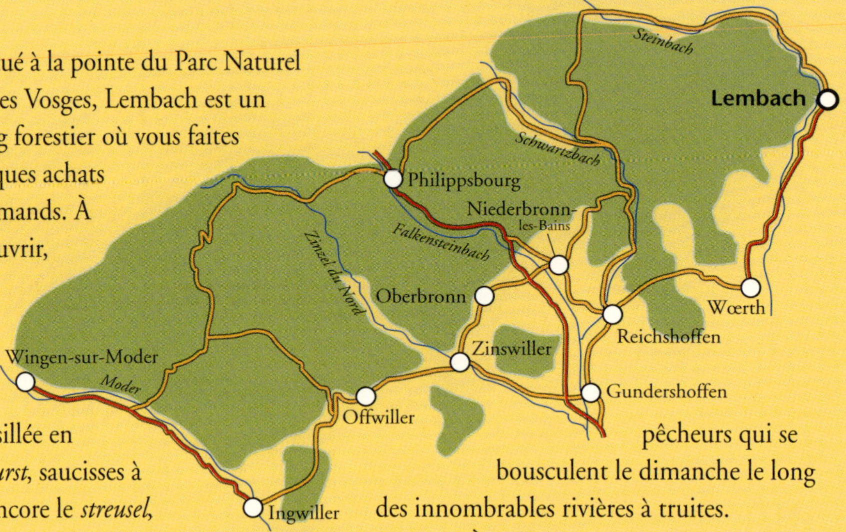

Situé à la pointe du Parc Naturel des Vosges, Lembach est un bourg forestier où vous faites quelques achats gourmands. À découvrir, parmi les bonnes recettes des artisans locaux, le *presskopf*, hure de porc persillée en gelée, les *lewerwurst*, saucisses à base de foie ou encore le *streusel*, gâteau au sucre et à la cannelle.

À Nierderbroon-les-Bains, station hydrominérale fréquentée, vous flânez à la belle saison dans le jardin fort agréable du casino. Vous pourrez goûter les eaux, soit à la source Romaine qui jaillit en plein cœur de la ville et qui dispense une eau diurétique légèrement gazeuse, soit à la source Celtique qui jaillit près de Philipsbourg. Cette dernière, commercialisée sous le nom de « La Celtic », est une eau plate à la saveur légèrement sucrée que l'on peut boire sans restriction afin de retrouver… son poids idéal.

Vers Oberbroon, après une petite balade en forêt, vous rejoindrez les pêcheurs qui se bousculent le dimanche le long des innombrables rivières à truites.

À Offwiller, vous visiterez un adorable musée campagnard, installé dans une ancienne maison de viticulteur. Ce musée reconstitue l'habitat traditionnel des paysans du pays de la Petite Pierre. Dans la cuisine, on découvre des moules de toutes sortes, des pressoirs à fromage, une baratte à beurre, un four à pain…

À Wingen-sur-Moder, le musée des Arts et des Traditions Populaires consacre l'ensemble de ses collections aux moules à massepains et aux petits gâteaux de Noël. Vous serez charmés et amusés par les messages qui ornaient autrefois les *springerle* (gâteaux à l'anis) et les *lebkuche* (pain d'épice). ❧

FERNAND MISCHLER

L'Auberge du Cheval Blanc à Lembach

Les recettes

- *Lasagnes d'écrevisses aux girolles*
- *Raviole ouverte de grenouilles*
- *Canard sauvage à la strasbourgeoise*
- *Aiguillettes de faisan*
- *Feuilleté de perdreau au foie d'oie*
- *Foie d'oie aux abricots secs*
- *Pot-au-feu de foie gras au chou*
- *Gigot de biche aux cinq-épices*
- *Petits strudel de côtes de chevreuil*
- *Streusel aux pommes*

La maison de Fernand Mischler est solidement installée dans un petit village, au milieu des grandes forêts de hêtres et de sapins qui offrent un spectacle magnifique à toutes les saisons. Derrière les murs de cette très belle demeure bourgeoise, on entend monter les bruits des casseroles et des couverts, signes d'une intense activité. La porte franchie, l'accueil, les parfums, les lumières et le décor vous transportent immédiatement dans un autre monde : celui de l'Alsace conviviale. Une magie s'installe, l'urgence de tout oublier vous prend pour vous installer à une table de l'imposante salle à manger Louis XIII. Fernand Mischler est un homme sage, réfléchi, toujours prêt à rendre service, et surtout conscient du rôle social de l'aubergiste. Un repas chez lui est une véritable fête qui prend forme autour d'une farandole de quatre foies chauds, d'un suprême de sandre au schiderspattle et oignons nouveaux, et de desserts qui vous donnent l'envie de reprendre date, peut-être pour la saison de la chasse, à ne manquer sous aucun prétexte. ❦

Lasagnes d'écrevisses aux girolles

Pour 4 personnes

1 oignon • 2 échalotes • 1 gousse d'ail • 3 tomates • 60 g de beurre • 1 bouquet garni • 2 brins d'estragon • 2 anis étoilés (badiane) • 60 écrevisses • 5 cl de cognac • 3 c. à s. de Noilly • 50 cl de traminer • 600 g de girolles • fines herbes • sel, poivre

Pour la pâte à lasagnes : 200 g de farine • 8 jaunes d'œufs • 5 g de sel

Pour le sabayon : 2 jaunes d'œufs • 10 cl de crème • 10 cl de traminer

Préparation : 1 h 10 - Cuisson : 40 mn

1 - Pâte à lasagnes :
Mélanger tous les ingrédients et bien pétrir la pâte. Lorsque la pâte est homogène, l'étaler finement. À l'aide d'un emporte-pièce rond de 14 centimètres de diamètre, découper huit lasagnes et les faire cuire dans une casserole d'eau bouillante salée pendant 3 minutes. Rafraîchir sous l'eau froide, puis égoutter.

2 - Retirer le boyau intestinal des écrevisses. Pour cela, tirer sur l'écaille centrale de la queue en effectuant un quart de tour pour extraire le boyau qui peut donner un mauvais goût.

3 - Éplucher et hacher l'oignon, les échalotes et l'ail. Laver et couper grossièrement les tomates. Faire revenir l'oignon, les échalotes, l'ail, les tomates, le bouquet garni, l'estragon et l'anis étoilé dans une sauteuse, avec 40 g de beurre. Mettre les écrevisses dans la sauteuse. Flamber au cognac et au Noilly. Ajouter le traminer. Couvrir et laisser cuire sur feu vif pendant 6 minutes. Retirer les écrevisses de la sauteuse et les laisser refroidir. Faire réduire le fond de cuisson de moitié, le passer au chinois et réserver au chaud. Décortiquer les écrevisses et les réserver.

4 - Nettoyer les girolles. Les mettre dans une poêle avec le beurre restant et les faire revenir sur feu vif pendant 5 minutes. Remuer de temps en temps. Assaisonner et réserver au chaud.

5 - Sabayon :
Dans une casserole, fouetter les œufs avec la crème et le traminer jusqu'à ce que l'ensemble devienne mousseux. Placer la casserole dans un bain-marie presque bouillant et battre au fouet jusqu'à ce que le sabayon ait épaissi. Incorporer le fond de cuisson des écrevisses et assaisonner. Ajouter les queues d'écrevisses.

6 - Avant de servir :
Réchauffer les pâtes au four. Poser un rond de pâte au fond de chaque assiette. Disposer les girolles au centre et entourer avec les écrevisses et la sauce. Recouvrir d'un autre rond de pâte, napper de sauce et déposer une écrevisse et quelques fines herbes sur le tout. ❧

N. B. : Sur la photo, les pâtes ont été peintes à l'encre de sèche.

Vin conseillé : Alsace Riesling, blanc.

Raviole ouverte de grenouilles,
sauce aillée au jus de persil

Pour 4 personnes

1 oignon • 3 gousses d'ail • 1 noix de beurre • 1 bouquet garni • 800 g de cuisses de grenouilles • 30 cl de riesling • 20 cl de crème fraîche • 200 g de persil • 1/2 citron • 1 pincée de noix de muscade râpée • sel, poivre
Pour la pâte : 150 g de farine • 6 jaunes d'œufs • 1 pincée de sel • 4 feuilles de persil plat

Préparation : 50 mn - Cuisson : 30 mn

4 - Éplucher et hacher l'oignon. Éplucher et écraser les gousses d'ail. Dans une sauteuse, faire fondre le beurre et y faire revenir l'oignon avec les gousses d'ail et le bouquet garni. Ajouter les grenouilles, puis le riesling. Porter à ébullition et laisser cuire pendant 7 à 8 minutes. Retirer les grenouilles de la sauteuse et les désosser soigneusement. Réserver la chair au chaud.
5 - Remettre les os et autres débris des grenouilles dans la sauteuse et laisser réduire le fond de cuisson de moitié. Passer le tout au chinois fin. Incorporer la crème à cette sauce et laisser réduire jusqu'à obtention d'une consistance sirupeuse. Réserver la sauce.
6 - Plonger le persil dans une casserole d'eau bouillante salée et laisser cuire 2 minutes. Le rafraîchir rapidement dans de l'eau glacée, l'égoutter, puis le hacher. Le mettre dans une mousseline (ou un torchon) et presser fortement afin d'en recueillir tout le jus.

1 - Pâte :
Mélanger la farine avec les jaunes d'œufs et le sel. Bien pétrir la pâte. L'étaler finement et y découper douze ronds à l'aide d'un emporte-pièce de 15 centimètres de diamètre. En réserver quatre.
2 - Poser quatre ronds de pâte sur le plan de travail et disposer une feuille de persil sur chacun, bien à plat. Recouvrir d'un second rond de pâte. Passer le rouleau à pâtisserie, puis redécouper quatre ronds à l'emporte-pièce. Sur chacun d'eux apparaît alors la feuille de persil en impression.
3 - Plonger les douze ronds de pâte dans une casserole d'eau bouillante salée pendant 3 minutes. Égoutter et réserver.
7 - Ajouter la chair des grenouilles dans la sauce avec le jus du demi-citron et le jus de persil. Faire chauffer le tout sans laisser bouillir. Assaisonner de sel, de poivre et de noix de muscade.
8 - Avant de servir :
Poser un cercle de pâte blanche dans le fond de chaque assiette creuse. Verser les grenouilles et la sauce par-dessus. Recouvrir le tout d'un rond de pâte avec le persil en impression. Servir très chaud.

Vin conseillé : klevener de Heiligenstein, blanc.

Canard sauvage à la strasbourgeoise

Pour 4 personnes

2 canards colvert flambés, vidés et bridés (conserver les foies) • 70 g de beurre • sel, poivre

Pour la farce : 4 tranches de pain de mie • 1 échalote • 30 g de beurre • 60 g de foie gras cuit • 10 cl de crème

Pour la sauce : 1 carotte • 1 oignon • 30 g de céleri • 2 échalotes • 15 g de beurre • 2 c. à s. de cognac • 2 c. à s. d'armagnac • 30 cl de vin rouge • 20 cl de fond brun • 60 g de foie gras cuit

Préparation : 50 mn - Cuisson : 1 h 00

1 - Préchauffer le four à 240 °C (th. 8). Assaisonner les canards et les mettre dans une cocotte avec le beurre. Les faire rôtir au four pendant 15 minutes. Les arroser fréquemment de leur jus de cuisson. Lorsque les canards sont cuits, détacher les suprêmes et les cuisses. Réserver les carcasses. Passer les cuisses au four pendant 10 minutes, puis les remettre en cocotte avec les suprêmes. Couvrir et réserver au chaud.

2 - Farce :

Couper les tranches de pain de mie en forme de cœur. Éplucher et hacher l'échalote. Dans une poêle, faire revenir l'échalote et le foie des canards avec 10 g beurre. Retirer du feu, laisser refroidir, puis mixer avec le foie gras, la crème et 40 g de beurre. Assaisonner. Faire dorer les cœurs de pain de mie à la poêle avec le beurre restant. Tartiner la moitié de la farce sur ces croûtons. Réserver au chaud.

3 - Sauce :

Éplucher, laver et couper la carotte et l'oignon en petits dés. Laver et couper le céleri en petits dés. Plonger tous les légumes dans une casserole d'eau bouillante pendant 5 minutes. Égoutter. Éplucher et hacher les échalotes.

Concasser les carcasses des canards et les faire blondir à feu vif dans une cocotte avec le beurre. Ajouter les échalotes hachées et les légumes.

Flamber au cognac et à l'armagnac, puis verser le vin rouge. Laisser réduire le tout d'un tiers. Ajouter le fond brun et laisser réduire encore quelques minutes. Passer cette sauce au chinois fin et mélanger avec la moitié de farce restante et le foie gras coupé en petits dés. Porter à ébullition et retirer du feu. Assaisonner.

4 - Avant de servir :

Couper les suprêmes des canards en aiguillettes. Les dresser dans les assiettes avec les cuisses par-dessus et les croûtons sur le côté. Napper de sauce. Ce plat peut être accompagné de marrons, d'abricots secs et de galettes de maïs.

Vin conseillé : Alsace Tokay-Pinot gris, blanc.

Aiguillettes de faisan à la vigneronne,

choucroute et spätzle

Pour 4 personnes

2 échalotes • 1 carcasse de faisan • 10 cl de cognac • 10 cl de vin blanc • 30 cl de fond de volaille • 1 oignon • 50 g de lard paysan • 2 noix de beurre • 400 g de choucroute • 5 baies de genièvre • 25 cl de vin blanc • 4 feuilles de chou • 4 suprêmes de faisan • 120 g de foie gras cuit • sel, poivre Pour la pâte à spätzle : 200 g de farine • 1 pincée de sel • 1 pincée de poivre • 3 œufs

Préparation : 1 h 30 - Cuisson : 3 h 40

3 - Laver et égoutter les feuilles de chou. Les cuire dans une casserole d'eau bouillante salée pendant 10 à 15 minutes sur feu vif. Égoutter. Farcir les feuilles de chou avec la choucroute et les presser pour les maintenir fermés.

4 - Pâte à spätzle :
Mélanger tous les ingrédients et pétrir la pâte jusqu'à ce qu'elle se détache facilement de la table. L'étaler sur une planchette en bois. À l'aide d'un couteau humide, détailler des petites lamelles de pâte de 1 centimètre environ de long et les plonger dans une casserole d'eau bouillante salée. Les *spätzle* sont cuits lorsqu'ils remontent à la surface. Les rafraîchir sous l'eau froide et les égoutter.

5 - Ouvrir les suprêmes dans la longueur et les fourrer de foie gras. Les refermer à l'aide de ficelle alimentaire et les faire revenir 15 minutes, à la poêle, sur feu doux. Les découper en aiguillettes.

6 - Réchauffer les choux farcis dans un couscoussier et les *spätzle* à la poêle avec 1 noix de beurre.

1 - Éplucher et couper finement les échalotes. Dans une casserole, sur feu vif, faire rôtir la carcasse. Ajouter les échalotes et le cognac. Bien mélanger afin de décoller les sucs de cuisson restés au fond de la casserole. Verser le vin blanc et laisser réduire quelques minutes. Ajouter le fond de volaille et laisser cuire sur feu doux pendant 1 heure. Passer le tout au chinois et laisser réduire encore pendant quelques minutes. Assaisonner et réserver.

2 - Éplucher et couper finement l'oignon. Couper le lard en dés. Faire revenir l'oignon avec 1 noix de beurre. Ajouter le lard, la choucroute, le genièvre et le vin blanc. Laisser cuire sur feu doux pendant 2 heures. Garder la choucroute croquante.

7 - Avant de servir :
Répartir les aiguillettes dans les assiettes avec un chou farci. Napper avec la sauce. Servir à part les *spätzle* chauds.

Vin conseillé : Alsace pinot noir, rouge.

Feuilleté de perdreau au foie d'oie

Pour 4 personnes

2 perdreaux vidés (conserver les foies et les cœurs) • 500 g de champignons sauvages • 1/2 citron • 1 noix de beurre • 120 g de foie gras cru • 1 crépine de porc entière • 300 g de pâte feuilletée • 1 jaune d'œuf • sel, poivre
Pour la farce : 2 échalotes • 1 noix de beurre • 100 g de collet de porc
Pour la sauce : 1 carotte • 1 oignon • 30 g de céleri • 80 g de beurre • 3 cl de cognac • 10 cl de vin rouge • 20 cl de fond de volaille

Préparation : 1 h 10 - Cuisson : 1 h 45

1 - Détacher les suprêmes des perdreaux ainsi que les cuisses. Désosser les cuisses. Réserver les carcasses. Nettoyer les champignons et les arroser avec le jus de citron. En réserver un tiers parmi les plus beaux pour accompagner les feuilletés.

2 - Farce :
Éplucher et hacher les échalotes. Les faire revenir à la poêle avec les champignons et le beurre. Laisser refroidir et mixer avec le collet de porc, la chair des cuisses de perdreaux, les foies, les cœurs. Assaisonner. Réserver.

3 - Sauce :
Éplucher, laver et couper la carotte et l'oignon en dés. Laver et couper le céleri en dés. Plonger tous les légumes dans une casserole d'eau bouillante pendant 5 minutes. Égoutter. Concasser les carcasses des perdreaux et les faire blondir à la cocotte avec 20 g de beurre. Ajouter les dés de légumes, puis le cognac et le vin rouge. Bien melanger afin de decoller les sucs de cuisson restés au fond de la cocotte. Laisser réduire pendant quelques minutes et ajouter le fond de volaille. Laisser cuire sur feu doux pendant 1 heure. Passer la sauce au chinois et ajouter petit à petit et en fouettant sans arrêt le beurre restant coupé en petites parcelles. Réserver au bain-marie.

4 - Préchauffer le four à 220 °C (th. 7). Faire revenir les champignons restants à la poêle avec le beurre pendant 5 minutes environ. Remuer de temps en temps. Réserver au chaud.

5 - Pratiquer une entaille dans la longueur des suprêmes. Les farcir avec le foie gras et les recouvrir de farce. Entourer chaque suprême dans une crépine. Étaler la pâte feuilletée et en envelopper chaque suprême. Badigeonner au jaune d'œuf et faire cuire au four pendant 15 minutes.

6 - Dresser un feuilleté par assiette avec les champignons autour. Servir la sauce à part.

Vin conseillé : crémant d'Alsace, rosé.

Foie d'oie aux abricots secs et épices

Pour 4 personnes

300 g d'abricots secs • 30 cl de vin blanc • 1 pincée d'épices à pain d'épice (ou muscade et anis en poudre) • 3 clous de girofle • 1 feuille de laurier • 1 branche de thym • 1 pincée de gingembre en poudre • 1 pincée de cannelle en poudre • 8 tranches de foie gras d'oie cru de 40 g environ chacune • farine • 1 c. à s. de graisse d'oie • sel, poivre

Préparation : 25 mn - Cuisson : 10 mn

1 - Mettre les abricots dans une casserole avec le vin blanc, les épices à pain d'épice, les clous de girofle, le laurier, le thym, le gingembre et la cannelle. Laisser mariner le tout à température ambiante pendant 3 heures. Porter le tout à ébullition, puis laisser frémir pendant 10 minutes environ. Passer au chinois et mettre de côté les plus beaux abricots (environ les trois quarts). Les réserver au chaud.

2 - Mixer les abricots restants avec le fond de cuisson. Réserver cette sauce au chaud.

3 - Assaisonner les tranches de foie gras de sel et poivre sur les 2 faces. Les enduire aussi légèrement que possible de farine. Si nécessaire, tapoter le foie gras pour éliminer l'excès. Dans une poêle, faire chauffer la graisse d'oie. Lorsqu'elle est bien chaude, y faire sauter les tranches de foie gras pendant 30 secondes de chaque côté, sur feu vif. Les égoutter ensuite sur du papier absorbant.

4 - Avant de servir :
Arranger les tranches de foie gras au centre de chaque assiette. Décorer avec les abricots et napper de sauce. Servir bien chaud. ❧

Épices : à lui seul, le mot évoque l'aventure. Indispensables à la réalisation de nombreux plats gastronomiques, les épices sont également nécessaires pour exciter les appétits paresseux et augmenter la sécrétion des sucs gastriques, en bref, pour mieux digérer. ❧

Vin conseillé : Alsace grand cru Gewurztraminer, blanc.

Pot-au-feu de foie gras au chou

POUR 4 PERSONNES

480 g de foie gras cru • sel épicé • 2 c. à s. d'armagnac • 4 carottes • 4 navets • 200 g de céleri-rave • 4 petits poireaux • 1 l de consommé de volaille • 4 feuilles de chou • cerfeuil, ciboulette
Pour le flan de raifort : 40 g de raifort (en pot) • 10 cl de crème • 2 jaunes d'œufs
Pour les boulettes à la moelle : 125 g de moelle de bœuf • 180 g de chapelure • 3 œufs • 2 c. à s. d'échalotes hachées • 8 c. à s. de persil haché • sel, poivre, muscade

PRÉPARATION : 1 H 10 - CUISSON : 1 H 00

1 - LA VEILLE :
Couper le foie gras en 4 parts égales. Assaisonner de sel épicé et arroser avec l'armagnac. Laisser mariner 12 heures au frais.

2 - LE JOUR MÊME :
Éplucher et laver les carottes, les navets et le céleri. Couper les navets et le céleri en gros cubes. Laver, puis couper les poireaux en tronçons. Plonger tous les légumes dans une casserole d'eau bouillante salée et cuire pendant 5 minutes. Les rafraîchir sous l'eau froide et les égoutter. Porter le consommé de volaille à ébullition et y faire cuire les légumes pendant 20 minutes environ. Égoutter. Réserver le consommé.

3 - Laver les feuilles de chou, puis les plonger dans une casserole d'eau bouillante salée. À la reprise de l'ébullition, laisser cuire 2 minutes. Rafraîchir sous l'eau glacée, puis étaler les feuilles et en retirer les grosses côtes. Les farcir avec le foie gras et les rouler en forme de boule. Les presser pour les maintenir fermées. Réserver.

4 - FLAN DE RAIFORT :
Préchauffer le four à 110 °C (th. 4). Mélanger le raifort avec la crème et les jaunes d'œufs. Répartir ce mélange dans 4 petits plats à gratin et faire cuire au four 10 minutes.

5 - BOULETTES À LA MOELLE :
Passer la moelle au tamis. La mélanger avec la chapelure, les échalotes, le persil et les œufs. Assaisonner de sel, de poivre et de muscade. Avec cette pâte, façonner douze petites boulettes. Les plonger dans une casserole d'eau bouillante. Les faire pocher pendant 10 à 15 minutes, puis les retirer à l'aide d'une écumoire. Réserver au chaud.

6 - Verser le consommé dans un couscoussier. Placer les choux farcis dans la partie basse et laisser cuire à la vapeur pendant 15 minutes. Mettre les petits légumes dans la partie haute du couscoussier et placer au-dessus les choux farcis. Laisser sur le feu quelques minutes, jusqu'à ce que les légumes soient chauds.

7 - AVANT DE SERVIR :
Répartir les petits légumes dans le fond des assiettes. Poser dessus les boulettes de moelle et les choux farcis et arroser avec le consommé. Parsemer de cerfeuil et de ciboulette. Accompagner avec le flan de raifort et servir aussitôt. ❧

VIN CONSEILLÉ : TOKAY-PINOT GRIS, BLANC.

Gigot de biche aux cinq-épices

POUR 4 PERSONNES

1 gigot de biche désossé et ficelé, de 1,2 kg environ • 3 c. à c. d'un mélange de cinq-épices : poivre, gingembre, cannelle, coriandre et girofle • 3 carottes • 2 céleris-raves • 3 oignons • 2 échalotes • 20 cl de vin blanc • 30 cl de fond de volaille • 80 g de beurre • sel, poivre • 250 g de farine • 4 œufs • 1 pincée de sel

PRÉPARATION : 40 MN - CUISSON : 1 H 10

1 - LA VEILLE :

Déposer le gigot dans un plat à rôtir et le saupoudrer de 2 cuillerées à café du mélange aux cinq-épices. Laisser reposer le tout au frais pendant 12 heures.

2 - LE JOUR MÊME, LES SPÄTZLE :

Mélanger soigneusement la farine avec les œufs, 1 cuillerée à soupe d'eau et le sel. Lorsque la pâte est homogène, confectionner des petites boulettes. Les plonger dans une casserole d'eau bouillante salée et laisser cuire jusqu'à ce qu'elles remontent à la surface. Égoutter et réserver.

3 - Préchauffer le four à 220 °C (th. 7). Éplucher, laver et couper les carottes et les céleris en petits dés. Éplucher et couper les oignons en petits dés. Plonger tous les légumes dans une casserole d'eau bouillante salée pendant 5 minutes. Égoutter. Éplucher et hacher les échalotes. Répartir les dés de légumes et les échalotes hachées dans le plat à rôtir avec le gigot. Déposer 20 g de beurre sur le gigot. Passer au four pendant 30 minutes.

4 - À la sortie du four, retirer le gigot du plat et le réserver au chaud. Poser le plat à rôtir sur feu moyen et ajouter le vin blanc. Bien mélanger à l'aide d'une cuillère en bois afin de décoller les sucs de cuisson restés dans le fond du plat. Laisser réduire pendant quelques minutes, puis ajouter le fond de volaille. Mélanger et passer la sauce au chinois. Ajouter la cuillerée à café du mélange aux cinq-épices restante, puis incorporer petit à petit et en fouettant sans arrêt 50 g de beurre coupé en petites parcelles. Quand le beurre est fondu, réserver la sauce dans un récipient au bain-marie.

5 - Réchauffer les *spätzle* à la poêle avec 10 g de beurre.

6 - AVANT DE SERVIR :

Dresser le gigot dans un plat de service. Entourer avec les *spätzle* et servir la sauce à part. Ce plat peut être accompagné de champignons des bois et de pommes aux airelles. ❧

VIN CONSEILLÉ : CÔTE RÔTIE, ROUGE.

Strudel de chevreuil

POUR 4 PERSONNES

50 g de morilles séchées • 3 c. à s. d'huile d'arachide • 2 cl de madère • 1 carré de chevreuil de 1,4 kg paré (8 côtes) • 20 g de beurre fondu • sel, poivre
Pour la pâte à strudel : 140 g de farine • 20 g de beurre fondu • 1 œuf
Pour la farce : 100 g de chevreuil • 40 g de lard gras • 60 g de foie gras cuit et ramolli • 3 c. à s. de porto
Pour la sauce : 1 c. à s. de gelée de groseilles • 2 c. à s. de vinaigre • 2 échalotes • 15 cl de vin blanc • 1 branche d'estragon • 5 baies de genièvre • quelques grains de poivre concassés • 25 cl de fond de volaille • 50 g de beurre

PRÉPARATION : 1 H 20 - CUISSON : 30 MN

1 - PÂTE À STRUDEL :
Travailler la farine avec le beurre fondu tiède, 4 centilitres d'eau tiède et l'œuf. Former une boule et badigeonner de beurre fondu. Laisser reposer au frais pendant 1 heure.

2 - Faire tremper les morilles dans de l'eau tiède pendant 1 heure. Les égoutter, couper les têtes en deux ou en quatre et les faire sauter à la poêle avec 1 cuillère à soupe d'huile. Laisser cuire jusqu'à évaporation complète de l'eau de végétation. Assaisonner, ajouter le madère et laisser réduire jusqu'à évaporation de tout le liquide.

3 - Couper le carré de chevreuil en 8 côtes de même épaisseur et bien nettoyer les os dépassant des côtes. Dans une sauteuse, faire revenir les côtes sur feu vif avec l'huile pendant 20 secondes de chaque côté.

4 - FARCE :
Hacher finement la viande de chevreuil et le lard. Malaxer avec le foie gras et passer au robot jusqu'à obtention d'une farce très lisse. Assaisonner. Ajouter le porto et les morilles.

5 - SAUCE :
Dans une casserole, faire caraméliser la gelée de groseilles et ajouter le vinaigre. Éplucher et hacher les échalotes. Les mettre dans une casserole avec le vin blanc, l'estragon, le genièvre et le poivre concassé. Laisser réduire, puis ajouter la gelée de groseilles et le fond de volaille. Mélanger et laisser cuire quelques minutes. Passer au chinois et ajouter petit à petit et en fouettant sans arrêt le beurre coupé en petites parcelles. Réserver au bain-marie.

6 - Préchauffer le four à 240 °C (th. 8). Assaisonner les côtes de chevreuil et les enduire de farce. Étaler la pâte à *strudel* et envelopper individuellement les côtes de chevreuil et les poser sur un papier huilé. Les badigeonner de beurre fondu. Cuire au four pendant 7 minutes.

7 - Dresser 2 côtes par assiette et entourer de sauce. Ce plat peut être accompagné de *spätzle*, de champignons, de marrons ou de pommes fruits. ❧

VIN CONSEILLÉ : BANDOL, ROUGE.

Streusel aux pommes

Pour 4 personnes

150 g de sultanines (raisins secs) • 2 c. à s de kirsch • 800 g de pommes de reinette • 80 g de beurre • 150 g de sucre • 1/2 c. à c. de cannelle en poudre • 1/2 c. à c. d'épices à pain d'épice
Pour la crème anglaise : 25 cl de lait • 1 c. à s. kirsch • 4 jaunes d'œufs • 60 g de sucre
Pour la pâte : 50 g de beurre • 150 g de farine • 70 g de sucre • quelques gouttes d'extrait de vanille • 3 g de levure chimique • 1 œuf

Préparation : 45 mn - Cuisson : 20 mn

1 - Crème anglaise :
Porter à ébullition le lait et le kirsch. Laisser infuser sur le coin du feu. Dans un saladier, fouetter les jaunes d'œufs avec le sucre jusqu'à ce que le mélange soit crémeux. Verser dessus le lait bouillant tout en continuant de fouetter. Placer ce mélange dans un récipient au bain-marie, sur feu moyen, et faire cuire jusqu'à épaississement en remuant constamment à l'aide d'une cuillère en bois. La crème est cuite lorsqu'elle nappe la cuillère. Réserver au frais.

2 - Pâte :
Dans une casserole, sur feu doux, faire fondre le beurre. L'incorporer à la farine. Pétrir comme pour une pâte brisée. Ajouter le sucre, l'extrait de vanille, la levure et la moitié de l'œuf préalablement battu. Bien mélanger et laisser reposer au frais pendant 1 heure.

3 - Mettre les sultanines dans un bol avec le kirsch. Laisser tremper pendant 30 minutes.

4 - Éplucher les pommes et les couper en gros dés. Faire revenir les dés de pommes avec le beurre jusqu'à légère coloration. Remuer de temps en temps. Réserver.

5 - Préchauffer le four à 250 °C (th. 8). Verser le sucre et 5 cuillerées à soupe d'eau dans une casserole. Porter à ébullition et laisser cuire jusqu'à caramélisation. Retirer alors le caramel du feu et le verser aussitôt sur les pommes. Ajouter la cannelle, les épices à pain d'épice et les sultanines. Mélanger.

6 - Étaler une partie de la pâte dans le fond de quatre moules à tarte de 6 centimètres de diamètre. Remplir avec les pommes. Frotter le restant de pâte entre la paume des mains pour obtenir des petites boulettes de pâte appelées *streusel* et qui donnent le nom à cette pâtisserie. Les éparpiller sur les pommes et faire cuire au four pendant 20 minutes.

7 - Servir les *streusel* tièdes accompagnés de crème anglaise.

Vin conseillé : crémant d'Alsace, blanc.

La bière

Boisson conviviale par excellence, la bière en Alsace n'est pas seulement liée au folklore, elle participe très fortement à l'économie locale. Les bières de Noël et de Mars signent le renouveau qualitatif.

Jusqu'à la fin du Moyen Âge, l'activité brassicole est l'affaire des moines qui développent la technique de fermentation basse et introduisent l'utilisation du houblon.
La liberté de brasser, cadeau de la Révolution, va marquer les débuts de la fabrication industrielle de la bière. Boisson des ouvriers, la bière ne manque pas de consommateurs et en 1859, le premier train de la bière quitte Strasbourg pour Paris. Ce convoi devenu vite quotidien concourra grandement à la popularité de la bière alsacienne.

LES BRASSEURS

- **Adelshoffen** : fondée en 1864 par les frères Ehrhard, la brasserie Adelshoffen et sa malterie s'établissent à Schiltigheim. De nos jours, Adelshoffen commercialise entre autres deux produits réputés : les bières Rheingold et l'Adelshoffen Pils Tradition. Sa dernière-née, l'Adelscott, est une bière brassée au malt à whisky.
- **Fischer** : cette brasserie est née en 1821 de l'initiative de Jérôme Fischer à Strasbourg. Elle diffuse des bières maltées de luxe comme la Centenaire, la Fischer Gold ou encore la Fischer Pils.
- **Heinecken** : en 1972, le groupe Albra, qui comprend les marques Ancre, Perle, Colmar, Mutzig et Old Lager-Mutzig, passe entre les mains de Heinecken. Le groupe représente aujourd'hui plus de 25 % du marché national.
- **Kronenbourg** : en 1862, La Brasserie du Bas-Rhin, s'installe à Cronenbourg. La bière Tigre-Bock envahit toutes les tables de café. Dans les années cinquante, après la réussite de Export Blond, apparaît la marque Kronenbourg.

- **Météor** : issue de l'union de deux familles de brasseurs strasbourgeois, Haag et Metzger, cette brasserie prend le nom de Météor en 1927. Elle est la première à proposer des mini-fûts de 5 litres, permettant la dégustation de pression à la maison.
- **Schutzenberger** : La brasserie Schutzenberger fut fondée en 1740 dans le Krutenau. Réputée pour ses recherches pour l'amélioration des techniques de soutirage et de conditionnement, cette brasserie commercialise la Jubilator, la Patriator, la Cherry, aromatisée à la cerise, et la Schutz 2000. ❧

Les houblonnières sont une curiosité du paysage alsacien. Le houblon entre dans la fabrication de la bière comme une épice afin de lui donné plus ou moins d'amertume. La plante vit environ 25 ans et peut atteindre une hauteur de 10 mètres. De nos jours, les houblonnières couvrent environ 400 hectares de terres cultivables dans la plaine alsacienne.

LA FABRICATION DE LA BIERE

Après une germination de plus de 30 heures, l'orge subit une succession de trempages et de séchages. Gorgé d'eau, il se transforme en malt. Celui-ci est plus ou moins rôti pour obtenir une bière brune ou blonde, douce ou amère, puis le malt est réduit en farine. Le brassage consiste à infuser ou à porter à ébullition le malt dans de l'eau de plus en plus chaude afin de dissoudre tous les sucres. Après plusieurs filtrages, on ajoute le houblon à chaud pour parfumer la bière. Puis, on passe à la fermentation et au conditionnement. ❦

Les techniques d'élaboration des bières sont de plus en plus sophistiquées et rigoureuses donnant ainsi des produits de qualité.

FERMENTATION ET DEGRÉS

• La fermentation basse : elle est obtenue à une température de 7 à 12 °C maintenue pendant 7 jours. Cette méthode de fabrication donne des arômes marqués par le malt et le houblon et est utilisée pour les bières de grande consommation.

• La fermentation haute : elle est obtenue à une température de 18 à 25 °C, maintenue pendant 3 jours. Les arômes sont plus fruités mais également plus marqués par les levures. Cette méthode est utilisée pour les bières dites spéciales et vendues plus chères.

• Le degré d'alcool des bières alsaciennes est généralement faible. Celles de « table » titrent 2 à 3°, celles de luxe 4 à 5° et les spéciales 5 à 8 °. ❦

GASTRONOMIE

• La bière est utilisée en cuisine pour préparer de nombreux plats. Elle apporte une légère amertume. Beaucoup de chefs alsaciens, en association avec les brasseurs, ont lancé des actions gastronomiques dans ce sens.

• La bière peut remplacer la levure dans la confection des gaufres, des crêpes ou des beignets.

• La bière peut accompagner tout un repas et même certains fromages, comme le maroilles ou le gouda.

• La plupart des bières alsaciennes, de luxe ou spéciales, se servent à une température de 9 °C. Ne pas les servir sortant directement du réfrigérateur.

• Avant de servir une bière dans une chope en grès, passer celle-ci sous l'eau froide courante pendant quelques instants, afin que le grès garde la fraîcheur de la boisson. ❦

La cité des gourmandises

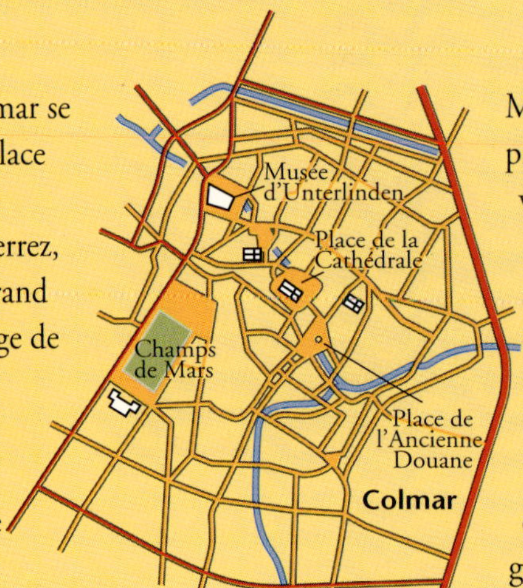

Le grand marché de Colmar se tient les jeudis matin, place de la Cathédrale et place de l'Ancienne Douane. Vous verrez, dans ce grand déballage de produits savoureux et colorés, de fraîches grenouilles ou encore, parmi les ingrédients de la traditionnelle matelote au riesling, des anguilles, des carpes ou des brochets, mais aussi, venus des jardins du Ried, des choux, des asperges ou de belles salades. Colmar est la cité de la gourmandise et vous trouverez en centre ville, tous les ingrédients d'un festin réussi. Comment résister aux cent variétés de pains que propose un entreprenant boulanger et à l'insolite *kougelhopf* d'escargots qui mérite lui aussi le détour ? Si vous faites halte dans une winstub, profitez-en pour grignoter des *bretzel* piquetés de gros sel marin en buvant une bière mousseuse.

Mais peut-être préférerez-vous vous attabler devant un pichet de pinot blanc, de tokay ou de gewurztraminer que vous accompagnerez d'une belle tranche de pâté en croûte au foie gras ? Au début du mois d'août, il ne faut pas manquer la foire aux Vins qui se déroule au parc des Expositions. Cette grande kermesse gastronomique est toute entière vouée à la dégustation des vins d'Alsace.

En octobre, les amateurs de choucroute danseront et festoieront au son d'un orchestre, durant les journées de la Choucroute.

De retour en centre ville, vous visiterez le musée d'Unterlinden. Parmi les nombreux objets se rapportant aux arts et traditions populaires, vous découvrirez une cave alsacienne et une collection de moules à pain d'anis ou *springerle*. ❧

Jean-Yves Schillinger

Chez Schillinger à Colmar

Jean-Yves Schillinger aime le voyage et pour faire ses classes de cuisinier il est allé chez Joël Robuchon, mais aussi à l'étranger. Revenu en Alsace, bouillonnant d'idées, il est l'un des chefs les plus créatifs et apporte un nouveau souffle à la cuisine de terroir. La plus belle récompense qu'un jeune chef alsacien puisse recevoir en rentrant au pays, c'est d'être imité. Son pavé de sandre à la peau croustillante, servi sur une divine salade de choucroute, ses morilles farcies de foie gras avec leur bouillon de truffes, ses ravioles de foie gras fumé ou sa marmite – inoubliable – de cochon laqué de la forêt vosgienne, accompagnée d'une choucroute de raves, sont des plats qui méritent une véritable ovation. Aujourd'hui, après le terrible incendie qui ravagea le célèbre restaurant de la place Stanislas et coûta la vie à son père, Jean-Yves peaufine l'ouverture d'un nouvel établissement à Colmar. Il faudra donc patienter quelques mois après la sortie de ce livre pour avoir le plaisir de découvrir sa nouvelle carte.

Les recettes

- *Soupe de grenouilles à l'ancienne*
- *Escargots en trois manières*
- *Foie gras d'oie frais*
- *Ravioles de foie de canard fumé*
- *Pommes en robe des champs*
- *Pavé de sandre*
- *Médaillons de chevreuil*
- *Médaillons de veau*
- *Vacherin glacé à l'alsacienne*
- *Véritable kougelhopf*

Soupe de grenouilles à l'ancienne

POUR 4 PERSONNES

1/2 botte de cresson • 2 gousses d'ail (facultatif) • 2 tomates • 2 échalotes • 220 g de beurre • 600 g de cuisses de grenouilles • 1 l de fumet de poisson • 2 l de crème • quelques pluches de cerfeuil • sel, poivre

PRÉPARATION : 45 MN - CUISSON : 1 H 00

1 - Laver le cresson soigneusement et dans plusieurs eaux. Égoutter et réserver.

2 - Éplucher et écraser les gousses d'ail. Réserver.

3 - Plonger les tomates dans une casserole d'eau bouillante pendant environ 30 secondes pour les peler facilement. Les épépiner et les couper en petits dés. Réserver.

4 - Éplucher, puis hacher les échalotes. Dans une cocotte, faire fondre 20 g de beurre et y faire revenir les échalotes jusqu'à légère coloration. Ajouter les cuisses de grenouilles et le fumet de poisson. Laisser réduire de moitié, en prenant soin de remuer de temps en temps. Incorporer ensuite la crème et laisser cuire jusqu'à épaississement en remuant constamment mais doucement à l'aide d'une cuillère en bois. La soupe est cuite lorsqu'elle nappe la cuillère. Ajouter alors le cresson et les gousses d'ail écrasées, et laisser infuser pendant 10 minutes hors du feu. Retirer les grenouilles de la cocotte, puis les désosser entièrement. Passer la soupe au chinois fin et rectifier l'assaisonnement si nécessaire. Ajouter petit à petit et en fouettant sans arrêt tout le beurre restant coupé en petites parcelles. Réserver au chaud.

5 - AVANT DE SERVIR :

Réaliser un petit tas de dés de tomates dans les assiettes creuses et les recouvrir avec la chair des cuisses de grenouilles. Verser dessus la soupe très chaude et décorer avec quelques pluches de cerfeuil. ❧

VIN CONSEILLÉ : ALSACE RIESLING, BLANC.

Trois manières de préparer les escargots

POUR 4 PERSONNES

2 échalotes • 180 g de beurre • 4 douzaines d'escargots (en conserve) • 8 coquilles d'escargots • 90 g de persil frisé • 1/4 de gousse d'ail • 20 g de champignons de Paris hachés • 10 cl de bouillon de poule • 10 cl de crème fraîche • 3 gousses d'ail • 1/2 poivron rouge • 1/2 poivron vert • 1 oignon • 50 g de chair de volaille hachée • 100 g de chapelure • 8 feuilles de raviole ou ravioli chinois (boutique chinoise) • sel, poivre

PRÉPARATION : 45 MN - CUISSON : 1 H 00

1 - Éplucher et hacher les échalotes. Les faire revenir à la poêle avec 10 g de beurre. Ajouter les escargots et faire cuire pendant quelques minutes. Réserver.

2 - Laver, égoutter et hacher le persil. Éplucher et hacher 1 gousse d'ail. Faire ramollir 100 g de beurre et y incorporer le persil, les champignons et le quart de gousse d'ail. Assaisonner. Déposer un escargot dans le fond de chaque coquille et remplir avec le beurre persillé. Réserver.

3 - Faire réduire le bouillon de poule de moitié et y ajouter la crème. Incorporer petit à petit et en fouettant sans arrêt 50 g de beurre coupé en petites parcelles. Quand le beurre est fondu, réserver la sauce dans un récipient au bain-marie.

4 - Préchauffer le four à 250 °C (th. 8)

5 - Éplucher les gousses d'ail et les plonger dans une casserole d'eau bouillante pendant 2 minutes. Les cuire à la poêle avec 10 g de beurre, sur feu doux pendant 20 minutes. Mixer finement et réserver cette purée.

6 - Laver les poivrons, puis en retirer le pédoncule et les petites graines. Les passer pendant 15 minutes dans le four très chaud, jusqu'à ce que leur peau commence à se décoller. Les peler dès la sortie du four, puis les couper en petits dés. Éplucher et couper l'oignon en rondelles. Confectionner huit brochettes en intercalant quatre escargots avec les dés de poivrons et les rondelles d'oignon. Mélanger la chair de volaille avec la purée d'ail et en badigeonner les brochettes sur 2 côtés. Passer dans la chapelure. Faire sauter les brochettes à la poêle avec 10 g de beurre. Réserver au chaud.

7 - Disposer un escargot sur chaque feuille de raviole. À l'aide d'un pinceau, badigeonner le pourtour avec un peu d'eau. Replier les feuilles de raviole en deux et presser les bords afin de bien les sceller. Plonger les ravioles dans une casserole d'eau bouillante légèrement salée pendant 8 minutes. Égoutter et réserver au chaud.

8 - AVANT DE SERVIR :

Préchauffer le four à 180 °C (th. 6). Réchauffer les huit escargots au beurre persillé au four pendant quelques minutes. Dresser deux brochettes, deux ravioles et deux escargots au beurre persillé dans chaque assiette. Entourer avec la sauce.

VIN CONSEILLÉ : ALSACE RIESLING, BLANC.

Foie gras d'oie frais

Pour 1 terrine

1 kg de foie d'oie frais • 15 g de sel • 3 cl de porto rouge • 3 cl de cognac

Préparation : 30 mn - Cuisson : 1 h 00

1 - Nettoyer soigneusement le foie d'oie. À l'aide d'un petit couteau, retirer tous les petits nerfs, les traces vertes, le sang et la graisse (le fiel aura été enlevé par le volailler). L'essuyer rapidement et bien l'éponger dans un linge. Le déposer dans un bol et le saupoudrer de sel. Ajouter le porto rouge et le cognac. Laisser mariner le tout au réfrigérateur pendant 24 heures.

2 - Préchauffer le four à 80 °C (th. 3). Transvaser le foie d'oie et la marinade dans une terrine et placer le tout dans un bain-marie. Faire cuire au four pendant 1 heure. Vérifier le degré de cuisson en piquant le foie avec un petit couteau. Si le jus qui en sort n'est plus rouge mais légèrement rosé, le foie est cuit. Sortir alors le foie du four et le laisser refroidir. Mettre la terrine au réfrigérateur et laisser reposer pendant 3 à 4 jours avant de servir.

3 - Avant de servir :

Démouler soigneusement la terrine. Au dernier moment, la couper en tranches régulières à l'aide d'un couteau bien lisse préalablement trempé dans de l'eau chaude. Servir les tranches de foie gras d'oie avec du pain de mie grillé. ❧

Foie gras : plus le foie gras sera cuit, plus longue sera sa conservation ; mais la finesse de goût en sera quelque peu altérée. Frais, le foie ne se conservera qu'une dizaine de jours ; sous vide, les meilleures conditions d'hygiène, de transport et de conservation seront réunies. Entier, il ne doit pas comporter plus de 30 % de graisse. ❧

Vin conseillé : Alsace grand cru Gewurztraminer vendanges tardives, blanc.

Ravioles de foie de canard fumé

POUR 4 PERSONNES

1 carotte • 1 poireau • 1 navet • 10 g de beurre • 1 c. à s. d'huile • 1 jaune d'œuf • 1 lobe de foie de canard fumé de 200 g (demander au boucher) • quelques brins de ciboulette • 50 cl de consommé de bœuf • 10 g de truffe • sel, poivre
Pour la pâte à ravioles : 125 g de farine • 50 g de saindoux

PRÉPARATION : 50 MN - CUISSON : 20 MN

1 - PÂTE À RAVIOLES :
Mettre la farine dans un grand bol et former un puits. Ajouter au centre le saindoux et 1,5 cuillère à soupe d'eau chaude. Travailler la pâte afin d'obtenir un mélange très homogène. Recouvrir d'un film plastique et laisser reposer pendant 30 minutes.

2 - Éplucher, laver, puis couper la carotte et le navet en petits dés. Laver soigneusement le poireau, puis le tailler en très fines rondelles. Dans une poêle, faire fondre le beurre et l'huile et y faire revenir tous les légumes, sur feu doux, jusqu'à légère coloration. Réserver.

3 - Couper le foie de canard fumé en petits dés.

4 - À l'aide d'un rouleau à pâtisserie, étaler la pâte à ravioles en deux carrés égaux et très minces. Sur un de ces carrés, déposer un petit morceau de foie tous les 5 centimètres environ. Mélanger le jaune d'œuf avec un peu d'eau. Badigeonner l'autre rectangle de pâte avec l'œuf battu et en recouvrir le premier, côté badigeonné à l'intérieur. Sceller les deux carrés de pâte en appuyant avec le doigt sur toutes les parties où il n'y a pas de foie. Découper des carrés de 5 centimètres de côté. Prendre soin de laisser le foie au centre de chaque raviole. Fariner légèrement et laisser sécher.

5 - Laver la ciboulette. L'égoutter sur du papier absorbant, puis la couper finement. Nettoyer soigneusement la truffe, puis la couper en fines lamelles.

6 - Dans une casserole, faire chauffer le consommé de bœuf avec les petits légumes. Réserver au chaud.

7 - AVANT DE SERVIR :
Cuire les ravioles dans une casserole d'eau bouillante salée pendant 3 minutes environ. Les ravioles sont cuites lorsqu'elles remontent à la surface. Les égoutter, puis les répartir dans des assiettes creuses. Verser dessus le consommé chaud et les petits légumes. Parsemer le tout de ciboulette et de lamelles de truffe.

VIN CONSEILLÉ : ALSACE TOKAY-PINOT GRIS, BLANC.

Pommes en robe des champs
fourrées au munster de la vallée

POUR 4 PERSONNES

4 pommes de terre (BF 15) • 1 pincée de gros sel • 1/2 munster • 50 g de beurre • 10 cl de lait • 5 g de cumin • 150 g de salade mélangée (suivant la saison)
Pour la vinaigrette : 1 c. à s. de vinaigre de Xérès • 3 c. à s. d'huile d'olive • sel, poivre

PRÉPARATION : 40 MN - CUISSON : 30 MN

1 - Laver les pommes de terre dans plusieurs eaux. Ne pas les éplucher. Si nécessaire les brosser afin qu'elles soient absolument nettes. Les mettre dans une grande casserole et les recouvrir d'eau froide. Ajouter le gros sel, couvrir et porter à ébullition. Lorsque l'ébullition est atteinte, réduire le feu et maintenir l'ébullition très douce. Laisser cuire ainsi pendant 30 minutes. Vérifier le degré de cuisson des pommes de terre en les piquant avec une fourchette. Quand elles sont cuites, les décalotter, puis en extraire la chair à l'aide d'une petite cuillère. Réserver.

2 - Retirer la croûte du munster et le mettre dans une casserole avec le beurre, le lait et le cumin. Laisser fondre le tout sur feu très doux en remuant de temps en temps à l'aide d'une cuillère en bois. Ajouter la chair des pommes de terre. Lorsque le mélange est bien homogène, le répartir dans les 4 pommes de terre décalottées. Refermer les pommes de terre avec leur chapeau et les déposer dans un plat à rôtir. Réserver.

3 - VINAIGRETTE :
Dans un bol, mélanger le vinaigre de Xérès et l'huile d'olive. Assaisonner de sel et de poivre.

4 - Laver soigneusement la salade, puis l'égoutter. Verser dessus la vinaigrette et bien mélanger le tout.

5 - AVANT DE SERVIR :
Préchauffer le four à 210 °C (th. 7). Passer les pommes de terre au four pendant quelques minutes afin de bien les réchauffer. Dresser une pomme de terre dans chaque assiette et entourer avec la salade de saison. Décorer avec quelques graines de cumin. Servir aussitôt.

VIN CONSEILLÉ : ALSACE TOKAY-PINOT GRIS, VENDANGES TARDIVES, BLANC.

Pavé de sandre,
salade de choucroute

Pour 4 personnes

10 cl de crème fleurette • 50 g de raifort (en pot) • 400 g de choucroute • 1 oignon • 20 g de saindoux • 12 baies de genièvre • 5 clous de girofle • 3 feuilles de laurier • 20 cl de vin blanc • 4 tranches de pain de mie • 40 g de beurre • 600 g de filets de sandre (avec la peau) • 1 c. à s. d'huile d'olive • quelques brins de ciboulette hachés • sel, poivre
Pour la vinaigrette : 5 g de graines de cumin • 50 g de poitrine de lard fumé • 3 c. à s. d'huile d'olive • 1 c. à s. de vinaigre de Xérès

Préparation : 1 h 10 - Cuisson : 50 mn

1 - Verser la crème dans un grand bol et placer celui-ci sur un lit de glace. Fouetter la crème jusqu'à ce qu'elle atteigne une consistance suffisante pour tenir dans les branches du fouet. Incorporer alors délicatement le raifort. Réserver au frais pendant 1 heure.

2 - Vinaigrette :
Faire griller les graines de cumin à la poêle. Couper le lard fumé en petits lardons, puis les faire revenir à la poêle jusqu'à belle coloration. Dans un bol, mélanger l'huile d'olive avec le vinaigre, le cumin et les lardons. Rectifier l'assaisonnement.

3 - Préchauffer le four à 210 °C (th. 7). Rincer la choucroute sous l'eau froide, puis l'égoutter. Éplucher, puis couper finement l'oignon. Dans une cocotte, faire revenir l'oignon avec le saindoux jusqu'à légère coloration. Ajouter la choucroute, le genièvre, les clous de girofle, le laurier et le vin blanc. Passer au four et laisser cuire pendant 30 minutes. Vérifier la cuisson. Garder le chou croquant. Égoutter soigneusement le chou et y incorporer la vinaigrette. Réserver au chaud.

4 - Couper le pain de mie en croûtons de forme ovale. Dans une poêle, faire fondre le beurre et y faire dorer les croûtons de chaque côté. À l'aide de deux cuillères à café, mouler des quenelles avec la crème de raifort et les déposer sur les croûtons.

5 - Laver et couper le sandre en portions de taille identique. À l'aide d'un petit couteau, pratiquer quelques incisions du côté peau. Dans une poêle, cuire le sandre avec l'huile d'olive pendant 3 à 4 minutes côté peau, puis 2 minutes côté chair.

6 - Avant de servir :
Dans les assiettes, dresser le sandre et la choucroute. Parsemer de ciboulette hachée. Entourer avec les croûtons au raifort. ❧

Vin conseillé : alsace pinot, blanc.

Médaillons de chevreuil en poivrade
et purée de potiron à la cannelle

POUR 4 PERSONNES

1 kg de potiron • 1 l de lait • 1 branche de thym frais • 1 pincée de gros sel • 120 g de beurre • 10 g de cannelle en poudre • 2 poires • 1 c. à s. de vin rouge • 1 c. à s. de crème de cassis • 1 échalote • 200 g de champignons de saison • 500 g de filet de chevreuil paré • 1 c. à s. d'huile d'arachide • 20 cl de fond de gibier (ou de volaille) • 10 grains de poivre • 2 c. à s. de gelée de groseilles • 4 marrons confits • sel, poivre

PRÉPARATION : 1 H 10 - CUISSON : 50 MN

1 - Éplucher le potiron. Retirer les graines et les parties filandreuses. Rincer sous l'eau froide, puis couper la chair en gros morceaux. Les mettre dans une grande casserole avec le lait, le thym et le gros sel. Porter le tout à ébullition, puis laisser cuire sur feu très doux pendant 25 minutes environ. Égoutter le potiron, puis le passer au chinois.
Mettre la purée obtenue dans une casserole et faire cuire doucement jusqu'à assèchement de la préparation. Incorporer alors 100 g de beurre et la cannelle. Rectifier l'assaisonnement et réserver au chaud.

2 - Éplucher les poires, puis les couper en fines lamelles d'environ 3 millimètres d'épaisseur. Les mettre dans une petite sauteuse avec le vin rouge et la crème de cassis et laisser cuire doucement pendant 5 minutes. Retirer les poires de la sauteuse et les égoutter sur du papier absorbant. Réserver au chaud.

3 - Éplucher, puis couper finement l'échalote. Nettoyer les champignons. Dans une poêle, faire fondre 20 g de beurre et y faire revenir l'échalote jusqu'à légère coloration. Ajouter les champignons et laisser cuire sur feu vif pendant 5 à 10 minutes. Réserver au chaud.

4 - Préchauffer le four à 240 °C (th. 8). Assaisonner le filet de chevreuil de chaque côté. Dans une cocotte, faire revenir vivement le chevreuil avec l'huile. Couvrir, puis passer au four pendant 7 à 8 minutes. Laisser reposer.

5 - Faire cuire le fond de gibier avec la mignonnette de poivre sur feu moyen pendant 10 minutes. Incorporer petit à petit et en fouettant sans arrêt la gelée de groseilles. Ajouter les marrons confits et réserver cette sauce au bain-marie.

6 - AVANT DE SERVIR :
À la sortie du four, couper le filet de chevreuil en médaillons. Les répartir dans les assiettes avec une rondelle de poire, une quenelle de purée de potiron et les champignons. Napper de sauce et décorer avec les marrons. ❧

VIN CONSEILLÉ : ALSACE PINOT NOIR, ROUGE.

Médaillons de veau à la strasbourgeoise

POUR 4 PERSONNES

2 pommes golden • 1 citron • 100 g de beurre • 1 c. à s. de sucre • 20 cl de demi-glace (ou de fond de veau) • 500 g de filet mignon de veau • 2 c. à s. d'huile d'arachide • 300 g de foie d'oie cru • sel, poivre

PRÉPARATION : 45 MN - CUISSON : 25 MN

1 - Éplucher, puis couper les pommes en deux. Retirer les pépins. Couper les pommes en huit tranches de 2 centimètres d'épaisseur. À l'aide d'un emporte-pièce rond et uni, égaliser les tranches de façon à ce qu'elles soient toutes du même diamètre. Les arroser avec le jus du citron. Dans une poêle, faire fondre 30 g de beurre et y faire revenir doucement les tranches de pommes avec le sucre, jusqu'à coloration. Réserver au chaud.
2 - Mettre la demi-glace dans une petite casserole et laisser réduire quelques minutes. Incorporer petit à petit et en fouettant sans arrêt 50 g de beurre coupé en petites parcelles. Quand le beurre est fondu, passer la sauce au chinois fin et rectifier l'assaisonnement si nécessaire. Réserver la sauce bain-marie.
3 - Préchauffer le four à 210 °C (th. 7). Tailler le filet mignon de veau en huit médaillons de 60 à 70 g chacun. Dans une cocotte, faire chauffer 1 cuillerée à soupe d'huile et 10 g de beurre et y faire revenir rapidement les médaillons de filet mignon de veau. Couvrir, puis passer au four pendant 5 à 6 minutes. Surveiller étroitement la cuisson afin de garder les médaillons rosés. Laisser reposer.
4 - Tailler le foie d'oie en huit tranches de 30 à 40 g chacune. Dans une poêle, faire chauffer 1 cuillerée à soupe d'huile et 10 g de beurre et y faire revenir les tranches de foie d'oie pendant 1 minute de chaque côté. Surveiller également la cuisson afin de garder le foie rosé. Après cuisson, égoutter soigneusement les tranches de foie sur un torchon propre.
5 - AVANT DE SERVIR :
Dans chaque assiette, déposer côte à côte deux belles tranches de pomme. Poser dessus deux médaillons de filet mignon, et pardessus encore, deux tranches de foie. Napper avec la sauce. ❧

VIN CONSEILLÉ : PINOT NOIR, ROSÉ.

Vacherin glacé à l'alsacienne

Pour 4 personnes

300 g de glace à la vanille • 300 g de sorbet à la fraise ou à la framboise • quelques pluches de menthe • 50 cl de crème Chantilly • 4 belles fraises • 20 cl de coulis de fruits rouges
Pour les meringues : 4 blancs d'œufs • 250 g de sucre
Pour la crème anglaise : 1/2 gousse de vanille • 25 cl de lait • 2 jaunes d'œufs • 80 g de sucre

Préparation : 35 mn - Cuisson : 3 h 00

1 - Meringues :
Préchauffer le four à 100 °C (th. 3). Mettre les blancs d'œufs dans un saladier et commencer de les fouetter doucement. Battre de plus en plus rapidement et sans discontinuer jusqu'à ce que les blancs soient fermes.
Incorporer alors le sucre et battre encore jusqu'à ce que le mélange soit parfaitement lisse. Remplir une poche à douille munie d'une douille ronde et unie avec ce mélange. Recouvrir la plaque du four de papier sulfurisé et y dresser huit ronds de meringue de 10 centimètres de diamètre. Laisser sécher au four pendant 3 heures. Les meringues sont cuites lorsqu'elles sont bien fermes et sèches.

2 - Crème anglaise :
Fendre la gousse de vanille dans le sens de la longueur et en extraire les petites graines. Porter à ébullition le lait avec les petites graines. Laisser infuser sur le coin du feu. Dans un bol, fouetter les jaunes d'œufs avec le sucre jusqu'à ce que le mélange soit crémeux. Verser dessus le lait bouillant, passé à travers un chinois, tout en continuant de fouetter. Placer ce mélange dans un récipient au bain-marie, sur feu moyen, et faire cuire jusqu'à épaississement en remuant constamment mais doucement à l'aide d'une cuillère en bois. La crème est cuite lorsqu'elle nappe la cuillère. Réserver au réfrigérateur.

3 - Avant de servir :
Déposer une meringue dans chaque assiette. Mettre dessus deux boules de glace vanille, recouvrir d'une autre meringue et terminer par deux boules de sorbet fraise. Décorer avec la crème Chantilly, une fraise et quelques feuilles de menthe. Entourer le tout avec la crème anglaise et le coulis de fruits rouges.

Boisson conseillée : eau minérale.

Véritable kougelhopf du beau-père

Pour 4 personnes

50 g de raisins secs • 25 cl de lait • 25 g de levure de boulanger • 200 g de beurre • 100 g de sucre • 10 g de sel • 500 g de farine • 50 g d'amandes entières • sucre glace

Préparation : 30 mn - Cuisson : 40 mn

1 - Mettre les raisins secs dans un bol et les recouvrir avec de l'eau tiède pour les faire gonfler. Réserver.

2 - Verser le lait dans une casserole et le faire légèrement tiédir. Prélever 10 centilitres de lait tiède et y délayer la levure. Laisser gonfler. Ajouter le beurre, le sucre et le sel dans le restant de lait. Mettre la farine dans un saladier et former un puits. Casser les œufs au milieu et ajouter le mélange beurre-sucre-lait. Mélanger doucement tous les ingrédients au centre du puits en y incorporant petit à petit la farine. Pétrir la pâte à la main en la soulevant pour l'aérer le plus possible. Lorsque la pâte se décolle facilement du bol, y incorporer la levure et la pétrir encore quelques instants. Recouvrir le tout d'un linge propre et laisser reposer dans un endroit tiède jusqu'à ce que la pâte ait doublé de volume, au bout de 2 heures environ.

3 - Égoutter soigneusement les raisins secs. Retravailler rapidement la pâte pour la faire dégonfler, puis y incorporer les raisins secs. Lui donner une forme de boule et aménager un trou au centre. Beurrer soigneusement et dans tous les recoins un moule à *kougelhopf* et déposer harmonieusement les amandes au fond. Retourner la pâte dans le moule. Laisser encore lever la pâte jusqu'à ce qu'elle dépasse les rebords du moule.

4 - Préchauffer le four à 180-200 °C (th. 6). Laisser cuire le *kougelhopf* au four 35 à 40 minutes. Vérifier la cuisson, puis démouler le *kougelhopf*. Le laisser refroidir complètement.

5 - Avant de servir :

Saupoudrer légèrement le *kougelhopf* de sucre glace. ❧

Vin conseillé : Crémant d'Alsace, blanc.

Les vins d'Alsace

La notoriété du vignoble doit beaucoup aux « vendanges tardives » et aux « sélections de grains nobles ». La sagesse des vignerons qui ont préféré les noms des cépages aux noms des terroirs a donné une originalité définitive aux vins d'Alsace.

Les cépages nobles

• **Le gewurztraminer** : variété sélectionnée du traminer, c'est un cépage aux grains roses qui donne souvent des vins fortement musqués, corsés et même parfois épicés, mais il reste généralement moins sec que le riesling. En cave, sa couleur tend à s'assombrir au fil des années. En « vendanges tardives », il développe des arômes caractéristiques, dont certains dégustateurs prétendent qu'ils flattent rapidement le palais mais lassent très vite.

• **Le muscat** : spécialité singulière du vignoble alsacien, il ne représente que 4 % de la production. C'est un cépage délicat à vinifier, souvent précoce et aux grains jaunes fragiles. Il donne un vin sec et aromatique, rappelant le raisin frais. Il se boit jeune car le temps ne l'épargne que rarement.

• **Le riesling** : ses aires de production sont les terres de Riquewihr, Eguisheim, Ribeauvillé et Guebwiller.

Issu de la vallée du Rhin, le riesling, cépage tardif à grains verts translucides, affectionne les bonnes expositions et les sols sablo-argileux riches en éléments grossiers. Considéré par beaucoup comme le plus fin des cépages d'Alsace, il donne un vin très sec et parfumé qui peut être vieilli en cave. Il laisse alors découvrir des parfums subtils très éthérés.

• **Le tokay d'Alsace, pinot gris** : c'est un cépage précoce aux grains rose-brun, à la floraison délicate et à la maturation lente. Son origine est très vraisemblablement bourguignonne et non hongroise, comme on le pense souvent. Sa culture est minutieuse et son rendement faible. Il donne un vin capiteux et corsé, entier et rond en bouche.

Les cépages de petite noblesse

• **Le sylvaner** : c'est le premier cépage du vignoble alsacien avec 24 % de la surface d'encépagement. Deux productions le caractérisent. L'une, destinée à la grande distribution, donne un vin plat et sans intérêt, l'autre, de petit rendement grâce à une vigne plantée sur un terrain bien exposé, donne des vins secs, légèrement fruités, agréables et désaltérants. C'est un vin frais à boire très jeune.

• **Le pinot blanc** : redécouvert récemment, ce cépage aux belles grappes jaunes donne un vin frais avec des expressions intenses au nez, à la fois délicates et rondes. Le pinot blanc peut parfois rappeler un chardonnay. Il se boit de préférence jeune mais peut se conserver quelques années.

La route des Vins et les villages qu'elle traverse sont un des attraits touristiques et culturels majeurs de l'Alsace.

L'OR ALSACIEN

Les « vendanges tardives » et les « sélection de grains nobles » ont été définitivement reconnues par un décret datant du 11 mars 1984. L'ensoleillement et le climat privilégié de l'Alsace ont permis de vendanger des raisins surmaturés atteint du botrytis (pourriture noble) et ont ainsi donné des vins rivalisant avec les meilleurs sauternes. Seuls les cépages nobles ont le droit de bénéficier de ces vendanges à tris successifs qui leur permettent de faire apparaître sur leur étiquette l'indication du millésime.

ACCORDS PARFAITS

• Le gewurztraminer se boit en apéritif ou au dessert. Il accompagnera un foie gras d'oie et des poissons d'eau douce s'il est sec.
• Le muscat peut se servir en apéritif mais également avec du saumon et avec les fameuses asperges de la plaine d'Alsace.
• Le riesling, au nez de pétrole (*petrolschmagen*), accompagnera agréablement tous les poissons.
• Le tokay, le moins fruité des vins d'Alsace, s'accorde quasiment avec tous les mets et même avec les gibiers ou les abats.
• Le pinot blanc peut être servi au cours de tous les repas aux goûts rustiques.
• Le sylvaner est le vin idéal à servir frais avec les fruits de mer.
• Le pinot noir se boit plutôt frais et accompagne volontiers tout un repas, mais surtout les viandes.
• Les « sélection de grains nobles » et les « vendanges tardives » méritent d'être bues seules et ne supportent à la grande rigueur qu'un grand foie gras. À proscrire en accompagnement de tous les desserts qui donnent dans ce cas une bouche saturée par les sucres.

LE CÉPAGE ROUGE

• **Le pinot noir :** d'origine bourguignonne, le seul cépage rouge alsacien est surtout connu pour ses vins rosés, fruités et légers. L'encépagement s'est développé ces dernières années et l'élevage en fûts de chêne a permis d'obtenir des pinots noirs plus racés.

LE CÉPAGE DES WINSTUBS

• **Le chasselas :** ce cépage à fort rendement se retrouve souvent en pichet sur les tables des winstubs. Léger, court en bouche, il est souvent à l'origine des meilleurs maux de tête. En nette régression, il ne représente plus que 4 % de la production totale des vins d'Alsace.

Les pêches miraculeuses

Aux portes du Sundgau, Diefmatten, petite commune rurale, vous invite à découvrir un paysage d'étangs, de champs, de vergers et de forêts. La carpe, la tanche, le brochet et la truite font le bonheur des pêcheurs en eaux calmes. À l'heure de l'apéritif, vous prenez la direction de Dannemarie et empruntez la route de la carpe frite, véritable spécialité régionale. Arrêtez-vous dans l'un de ces sympathiques bistrots de village, où l'on vous servira ce plat fameux que l'on déguste avec les doigts et que l'on accompagne d'un verre de sylvaner ou de riesling.

Vous sillonnez une jolie campagne dont les villages dispersés sont reliés entre eux par de petites routes, agréables pour les automobilistes, et par des sentiers forestiers ou campagnards qui font les délices des randonneurs. Le Sundgau est une contrée giboyeuse. Dès l'automne, on y chasse le chevreuil, le sanglier mais aussi le perdreau, le lièvre et le faisan si délicieux avec la choucroute.

Vous vous dirigez vers Altkirsch. De jolies maisons à colombage jalonnent votre route et si vous avez l'occasion d'y pénétrer, vous y admirerez encore de magnifiques *kunscht*, gigantesques poêles en faïence typiquement alsaciens.

Vous parcourez la ville d'Altkirsch, ses vieilles rues, ses placettes pittoresques, et faites halte dans l'une de ses chaleureuses winstubs où vous choisirez peut-être de bonnes asperges servies traditionnellement avec trois sauces : la vinaigrette, la rémoulade et la mayonnaise. ❧

PATRICK SCHLIENGER

Le Cheval Blanc à Diefmatten

Tout le Sundgau se presse dans cette authentique auberge familiale, pour y rechercher les vraies ambiances de repas chaleureux, un peu à la mode d'autrefois. Patrick est allé apprendre le métier chez les plus grands chefs et dans les plus luxueux établissements, il n'en est pas moins revenu avec l'idée qu'il ne fallait pas quitter les vraies valeurs, les vraies saveurs que les Alsaciens savent mieux que quiconque apprécier. Par un beau dimanche d'été, on retrouve chez les Schlienger une ambiance de guingette. Les repas s'éternisent en de grandes discussions, les rires fusent, le bonheur est dans les assiettes. Depuis le piano de sa cuisine, Patrick sent qu'il a encore raison de servir ses quenelles de brochet légèrement gratinées, sa magnifique terrine de canard au ris de veau et foie gras en verdure ou sa rassurante mousse au chocolat en tranche. La grand-mère de la table du fond s'est même mise à raconter des histoires de sa jeunesse lorsqu'il a servi un peu de pain à la farine de pommes de terre, comme autrefois dans le Sundgau.

- *Cassolette d'escargots aux herbes*
- *Potée de cochon « grand-mère »*
- *Choucroute aux trois poissons*
- *Filets de truite au sésame*
- *Aiguillettes et cuisses de canard*
- *Mosaïque de lapereau fourrée*
- *Aiguillettes de biche aux morilles*
- *Noisettes de chevreuil d'Alsace*
- *Mini-kougelhopfs glacés*
- *Œufs à la neige « grand-mère »*

Cassolette d'escargots aux herbes et croûtons
à la mousse de raifort

POUR 4 PERSONNES

2 tranches de pain de mie • 30 g de beurre • 2 c. à s. de raifort (en pot) • 1 c. à s. de crème fleurette • aneth • 4 douzaines d'escargots de conserve Pour la sauce : 1 échalote • 1 gousse d'ail • 3 c. à s. de pastis • 10 cl de vin blanc • 10 cl de crème fraîche • 50 g de beurre • 2 branches de persil • quelques brins de ciboulette • sel, poivre

PRÉPARATION : 40 MN - CUISSON : 25 MN

1 - Couper le pain de mie en petits croûtons d'environ 1,5 centimètre de côté. Dans une poêle, faire fondre 20 g de beurre et y faire dorer les croûtons de chaque côté. Retirer les croûtons de la poêle et les déposer sur du papier absorbant pour les égoutter.
Mélanger soigneusement le raifort et la crème fleurette. Assaisonner de sel et poivre. Tartiner cette mousse de raifort sur les petits croûtons et déposer un petit brin d'aneth sur le dessus. Réserver.
2 - Laver, puis égoutter le persil et la ciboulette sur du papier absorbant. Couper finement les herbes. Réserver.
3 - Dans une sauteuse, faire fondre le beurre restant et y faire revenir les escargots pendant 8 minutes. Assaisonner de sel et de poivre. Les réserver au chaud. Conserver le jus de cuisson.
4 - SAUCE :
Éplucher et hacher l'échalote et la gousse d'ail. Faire revenir l'échalote dans le jus de cuisson des escargots jusqu'à légère coloration. Verser le pastis et bien mélanger à l'aide d'une cuillère en bois afin de décoller les sucs de cuisson restés au fond de la sauteuse. Flamber. Ajouter l'ail haché et le vin blanc. Laisser réduire un peu, puis incorporer la crème. Laisser cuire encore pendant 3 à 4 minutes. Ajouter petit à petit et en fouettant sans arrêt le beurre coupé en petites parcelles. Quand le beurre est fondu, ajouter le persil et la ciboulette hachés. Assaisonner de sel et de poivre.
5 - AVANT DE SERVIR :
Sur le pourtour de chaque assiette, arranger les escargots. Napper de sauce. Au centre, disposer les petits croûtons au raifort. ❧

VIN CONSEILLÉ : ALSACE PINOT, BLANC.

Potée de cochon « grand-mère Thérèse »

POUR 1 TERRINE

1 tête de porc coupée en deux (avec langue et oreilles) • 2 jarrets de porc • 1 rognon de porc • 200 g de couenne • 4 carottes • 2 oignons • 1 tête d'ail • 1 feuille de laurier • 5 clous de girofle • 75 cl de riesling • 1/2 concombre • sel, poivre
Pour la vinaigrette : 2 petits oignons nouveaux • 3 cl de vinaigre • 8 cl d'huile

PRÉPARATION : 1 H 15 - CUISSON : 3 H 15

1 - LA VEILLE :
Mettre la tête de porc, les jarrets, le rognon et la couenne dans une grande jatte et recouvrir d'eau froide. Laisser dégorger pendant 3 heures, en prenant soin de changer l'eau de temps en temps.

2 - Éplucher et laver 3 carottes et les oignons. Les conserver entiers. Éplucher les gousses d'ail. Égoutter les viandes, puis les mettre dans une cocotte avec les carottes, les oignons, l'ail, le laurier et les clous de girofle. Verser le riesling et compléter avec de l'eau froide afin de recouvrir tous les ingrédients. Assaisonner et porter à ébullition. Laisser cuire à frémissements pendant 3 heures. Écumer plusieurs fois pendant la cuisson.

3 - Retirer les viandes de la cocotte. Désosser la tête et les jarrets de porc. Répartir toutes les viandes dans une terrine, recouvrir d'un torchon propre, puis d'une petite planche adaptée à la taille de la terrine. Poser des poids sur le tout afin de bien compacter les viandes. Laisser reposer au réfrigérateur jusqu'au lendemain. Passer le bouillon de cuisson au chinois et le faire réduire sur feu vif pendant 15 minutes. Rectifier l'assaisonnement et réserver au frais.

4 - LE JOUR MÊME, LA VINAIGRETTE :
Éplucher et couper finement les oignons. Mélanger le vinaigre et l'huile. Y ajouter les oignons et une pincée de sel.

5 - Éplucher, laver, puis couper en fines rondelles le concombre et la carotte. Faire tiédir le bouillon afin qu'il redevienne liquide. Démouler la terrine de viandes et la couper en fines tranches. Déposer deux tranches dans chaque assiette creuse et décorer le dessus avec les rondelles de concombre et de carotte. Verser suffisamment de bouillon dans les assiettes pour que les tranches de terrine en soient recouvertes. Laisser reposer les assiettes au réfrigérateur jusqu'à ce que la gelée ait prise.

6 - Servir avec la vinaigrette aux oignons nouveaux. ❧

VIN CONSEILLÉ : CANON-FRONSAC, ROUGE.

Choucroute aux trois poissons

Pour 4 personnes

1 oignon • 1 gousse d'ail • 800 g de choucroute • 1 c. à s. de saindoux • 1 feuille de laurier • 75 cl de vin blanc sec • 12 crevettes fraîches • 8 écrevisses • 400 de filet de sandre • 400 g de filet de saumon • 600 g de lotte • 1 échalote • 75 cl de crème fraîche épaisse • 80 g de beurre • sel, poivre

Préparation : 45 mn - Cuisson : 1 h 15

1 - Préchauffer le four à 180 °C (th. 6). Éplucher et couper finement l'oignon. Éplucher et écraser la gousse d'ail. Rincer soigneusement la choucroute sous l'eau froide. L'égoutter et la presser entre les mains pour en extraire toute l'eau. Renouveler cette opération une seconde fois. Dans une cocotte, faire fondre le saindoux et y faire revenir l'oignon jusqu'à légère coloration. Ajouter la choucroute, la gousse d'ail écrasée, le laurier et 65 centilitres de vin blanc. Assaisonner légèrement de sel et poivre. Couvrir la cocotte et faire cuire au four pendant 30 minutes.

2 - Décortiquer les petites crevettes. Retirer le boyau intestinal des écrevisses. Pour cela, tirer sur l'écaille centrale de la queue en effectuant un quart de tour pour extraire ce boyau qui peut donner un mauvais goût à l'écrevisse. Rincer et couper les poissons en portions. Réserver le tout.

3 - Éplucher et couper finement l'échalote. La mettre dans une petite casserole avec le restant de vin blanc et laisser réduire le tout jusqu'à évaporation presque complète du liquide. Ajouter alors la crème et les écrevisses. Assaisonner légèrement et laisser mijoter sur feu doux pendant 8 minutes. Passer au chinois fin. Réserver les écrevisses avec l'échalote au chaud. Réserver la sauce séparément.

4 - Déposer les portions de sandre, de saumon et de lotte dans la cocotte, sur la choucroute. Couvrir et remettre le tout au four pendant 15 minutes. Ajouter alors les crevettes et poursuivre la cuisson pendant encore 4 à 5 minutes.

5 - Remettre la sauce sur feu doux et incorporer petit à petit et en fouettant sans arrêt le beurre coupé en petites parcelles. Quand le beurre est fondu, réserver la sauce dans un récipient au bain-marie.

6 - Avant de servir :

Dresser le chou au centre des assiettes bien chaudes. Répartir les portions de poissons et les petits crustacés tout autour et napper de sauce. ❧

Vin conseillé : Alsace grand cru Riesling, blanc.

Filets de truite au sésame sur salades à l'huile de noisette

POUR 4 PERSONNES

4 truites de 250 à 300 g chacune, en filets • 1/2 céleri-rave • 6 c. à s. de vinaigre • 6 c. à s. d'huile d'arachide • 1/2 tête de laitue • 1/2 tête de feuille-de-chêne • 1 échalote • 6 cl d'huile de noisette • 50 g de graines de sésame • 20 g de beurre • sel, poivre

PRÉPARATION : 35 MN - CUISSON : 10 MN

1 - Laver, puis râper le céleri. L'assaisonner avec la moitié du vinaigre, l'huile d'arachide, du sel et du poivre. Bien mélanger et réserver.

2 - Laver soigneusement les deux salades. Éplucher, puis hacher l'échalote. Dans un bol, mélanger le vinaigre restant avec l'huile de noisette. Ajouter l'échalote hachée et assaisonner de sel et poivre. Verser cette vinaigrette sur le mélange des deux salades. Réserver.

3 - Laver soigneusement les filets de truite. Couper tous les filets en deux, légèrement en biais, puis les enduire de graines de sésame sur les deux faces.

Dans une poêle, faire fondre le beurre et y faire revenir les filets de truite jusqu'à coloration. Assaisonner de sel et poivre et retirer la poêle du feu.

4 - AVANT DE SERVIR :

Déposer un lit de céleri râpé au fond de chaque assiette. Recouvrir avec le mélange des deux salades et dresser les filets de truite chauds sur le dessus. Servir aussitôt. ❧

Truite : toutes les variétés de truites se croisent dans les eaux douces alsaciennes, des lacs vosgiens au Rhin, en passant par les torrents et les rivières. Tout d'abord, la truite de mer, dite aussi truite saumonée, qui remonte le Rhin pour frayer de décembre à mars. Elle y séjournera de 1 à 5 ans. La truite de rivière ou fario préfère les cours d'eau frais et oxygénés des torrents vosgiens et des claires rivières de la plaine alsacienne. Dans les eaux profondes des lacs des Vosges centrales, s'ébat la truite de lac, la grande truite des lacs, celle qui peut atteindre parfois 1,40 mètre, mais dont la chair n'est pas aussi délicate que celle de ses congénères. ❧

VIN CONSEILLÉ : ALSACE RIESLING, VENDANGES TARDIVES, BLANC.

Aiguillettes et cuisses de canard sauvage

Pour 4 personnes

2 canards sauvages plumés, flambés et vidés • 3 oignons • 1 carotte • 1 feuille de laurier • 1 l de vin rouge • 2 c. à s. d'huile • 1 c. à s. de concentré de tomates • 1 c. à s. de farine • 2 gousses d'ail • 2 échalotes • 1 bouquet garni • 40 g de beurre • sel, poivre

Préparation : 50 mn - Cuisson : 1 h 20

1 - La veille :
Éplucher, puis couper en six tous les oignons. Éplucher, laver et couper la carotte en rondelles. Désosser soigneusement les cuisses et les suprêmes des canards. Les déposer dans un plat avec les oignons, la carotte et la feuille de laurier. Recouvrir le tout avec le vin rouge et laisser mariner au réfrigérateur pendant 12 heures.

2 - Le jour même :
Égoutter les cuisses et les suprêmes de canard. Réserver les suprêmes. Dans une sauteuse, faire chauffer l'huile et y faire dorer les cuisses de chaque côté. Ajouter les oignons et la carotte et laisser cuire jusqu'à légère coloration. Incorporer le concentré de tomates, puis la farine. Laisser revenir le tout pendant quelques minutes. Éplucher et écraser les gousses d'ail. Éplucher et hacher les échalotes. Verser le vin rouge de la marinade sur les cuisses de canard et ajouter les gousses d'ail, les échalotes et le bouquet garni. Assaisonner de sel et de poivre et laisser cuire sur feu moyen pendant 30 minutes. Retirer les cuisses de canard de la sauteuse et passer le jus de cuisson au chinois très fin. Réserver séparément les cuisses de canard et la sauce civet au chaud.

3 - Préchauffer le four à 220 °C (th. 7). Enduire les suprêmes de canard de beurre et assaisonner de sel et poivre de chaque côté. Les mettre dans une cocotte et faire cuire au four pendant 15 minutes.

4 - Avant de servir :
Couper les suprêmes de canard en aiguillettes. Les répartir dans les assiettes avec une cuisse de canard. Napper le tout avec la sauce civet. Ce plat peut être accompagné de *spätzle.* ❧

Vin conseillé : Alsace Tokay-Pinot gris, vendanges tardives, blanc.

Mosaïque de lapereau fourrée de foie gras et de ris de veau

Pour 4 personnes

70 g de ris de veau • 4 râbles de lapereaux (désossés par le boucher) • 2 oignons • 1 carotte • 2 feuilles de laurier • 20 cl de vin blanc • 6 feuilles de gélatine • 70 g de foie gras cuit coupé en petits morceaux • 200 g de lentilles vertes • 1 échalote • 2 c. à s. de vinaigre • 4 c. à s. d'huile • sel, poivre

Préparation : 1 h 30 - Cuisson : 1 h 10

1 - La veille :
Faire dégorger le ris de veau dans de l'eau froide pendant 5 à 6 heures. Changer l'eau de temps en temps. Mettre le ris de veau dans une casserole et le recouvrir d'eau froide. Porter à ébullition et laisser bouillir pendant 2 minutes. Égoutter et laisser refroidir. Le débarrasser de toutes les peaux, nerfs et cartilages. L'essuyer et l'envelopper dans un torchon propre. Placer dessus une planche avec des poids et laisser reposer pendant 1 heure.

2 - Éplucher et couper un oignon en quatre. Éplucher, laver, puis couper la carotte en deux. Mettre le ris de veau et les râbles désossés dans une casserole avec l'oignon, la carotte, une feuille de laurier, le vin blanc et 20 centilitres d'eau. Saler et porter à ébullition. Laisser cuire à frémissement pendant 30 minutes. Retirer le ris de veau et les râbles de la casserole.

3 - Faire tremper les feuilles de gélatine dans de l'eau froide pour les faire ramollir. Passer le fond de cuisson encore chaud au chinois et y incorporer les feuilles de gélatine. Mélanger jusqu'à dissolution complète de la gélatine.

4 - Dans le fond d'une terrine, déposer une couche de râble de lapereau. Mettre par-dessus une couche de ris de veau et de petits morceaux de foie gras. Terminer par une couche de râble. Recouvrir à hauteur avec le fond de cuisson tiède et laisser reposer au frais pendant 12 heures.

5 - Le jour même :
Rincer les lentilles. Éplucher et couper l'oignon restant en deux. Le mettre dans une casserole avec les lentilles, la feuille de laurier restante, le sel et le poivre. Verser de l'eau à hauteur, couvrir et laisser cuire pendant 30 à 35 minutes. Égoutter et laisser refroidir. Éplucher et hacher l'échalote. Assaisonner les lentilles avec le vinaigre, l'huile, l'échalote, sel et poivre.

6 - Avant de servir :
Démouler et trancher la terrine. Servir les tranches accompagnées de lentilles. ❧

Vin conseillé : Alsace Gewurztraminer, vendanges tardives, blanc.

Aiguillettes de biche aux morilles

Pour 4 personnes

2 échalotes • 1 noix de beurre • 250 g de morilles fraîches • 2 c. à s. de cognac • 10 cl de vin blanc • 10 cl de crème • 5 cl de fond brun de veau • 1 selle de biche désossée de 2 kg environ • 1 c. à s. de saindoux • sel, poivre

Préparation : 30 mn - Cuisson : 50 mn

1 - Éplucher, puis couper finement les échalotes. Dans une sauteuse, faire fondre le beurre et y faire revenir les échalotes jusqu'à légère coloration.

2 - Nettoyer soigneusement les morilles. Les mettre dans la sauteuse avec les échalotes et les faire revenir sur feu vif pendant 5 minutes environ, en les remuant de temps en temps. Assaisonner de sel et de poivre et ajouter le cognac. Bien mélanger le tout afin de décoller les sucs de cuisson restés au fond de la sauteuse. Incorporer le vin blanc et la crème. Continuer la cuisson sur feu moyen pendant 25 minutes. Verser le fond brun de veau, bien mélanger et laisser cuire encore quelques minutes. Réserver au chaud.

3 - Assaisonner la selle de biche de sel et de poivre de chaque côté. Dans une sauteuse, faire chauffer le saindoux et y faire cuire la selle de biche à couvert, pendant 5 minutes de chaque côté. Laisser reposer pendant 10 minutes.

4 - Avant de servir :
Couper la selle de biche en aiguillettes. Les répartir dans les assiettes et napper avec la sauce aux morilles fraîches. Servir aussitôt. Ce plat peut être accompagné de pâtes fraîches. ❧

Biche : la biche est plus fine que le cerf, surtout quand elle est jeune. On cuisine volontiers un faon (moins de 6 mois) ou encore un hère (entre 6 mois et 1 an) car c'est seulement à cet âge tendre qu'ils retiennent l'attention des gastronomes. Le mode de cuisson supposera, presque toujours au préalable, une marinade. ❧

Vin conseillé : pomerol, rouge.

Noisettes de chevreuil d'Alsace poêlées aux champignons des bois

POUR 4 PERSONNES

1 selle de chevreuil désossée de 1 kg • 500 g de cèpes • 500 g de girolles • 100 g de trompettes-des-morts • 1 oignon • 10 g de beurre • 1 c. à s. d'huile • 5 c. à s. de cognac • 20 cl de fond de chevreuil (ou 10 cl de fond de veau et 10 cl de fond de bœuf) • sel, poivre

PRÉPARATION : 30 MN - CUISSON : 50 MN

1 - Couper la selle de chevreuil en noisettes d'environ 3 centimètres de côté. Réserver.

2 - Nettoyer soigneusement les cèpes, les girolles et les trompettes-des-morts. Couper les cèpes et les girolles en deux suivant leur taille. Couper également les trompettes-des-morts en deux. Éplucher, puis hacher finement l'oignon. Dans une sauteuse, faire fondre le beurre et y faire revenir tous les champignons sur feu doux, jusqu'à complète évaporation de l'eau de végétation. Remuer de temps en temps à l'aide d'une cuillère en bois. Réserver au chaud.

3 - Dans une sauteuse, faire chauffer l'huile et y faire revenir les noisettes de chevreuil du côté où elles ont été coupées, pendant 5 minutes environ. Assaisonner de sel et de poivre. Retirer les noisettes de chevreuil de la sauteuse et réserver au chaud. Ajouter le cognac au jus de cuisson et bien remuer afin de décoller les sucs de cuisson restés au fond de la sauteuse. Verser le fond de chevreuil et laisser cuire doucement jusqu'à obtention d'une consistance sirupeuse. Réserver au chaud.

4 - AVANT DE SERVIR :
Dresser les noisettes de chevreuil dans les assiettes. Napper avec la sauce et entourer avec les champignons. Servir aussitôt. ❧

Chevreuil : sa chair, rouge sombre et délicate chez les bêtes jeunes, se raffermit avec l'âge. La marinade ne s'impose pas forcément, mais elle est souvent recommandée, surtout si l'animal est âgé. Un chevreuil jeune peut tout au plus être badigeonné de cognac et d'huile. Ses chairs garderont ainsi leur saveur particulière. ❧

VIN CONSEILLÉ : ALSACE PINOT NOIR, ROUGE.

Mini-kougelhopf glacés aux griottes et au kirsch

Pour 4 personnes

60 cl de crème fraîche • 100 g de sucre • 5 jaunes d'œufs • 150 g de griottes à l'eau-de-vie • 3 c. à s. de sucre vanillé • 10 cl de kirsch • cacao en poudre • quelques griottes pour la décoration

Préparation : 45 mn

1 - Verser 40 centilitres de crème fraîche dans un grand bol et placer le bol sur un lit de glace. À l'aide d'un fouet, battre régulièrement la crème, doucement au début et plus rapidement lorsque la crème épaissit. Arrêter de battre la crème dès qu'elle atteint une consistance suffisante pour tenir dans les branches du fouet. Réserver la crème fouettée au réfrigérateur pendant au moins 1 heure.

2 - Mettre le sucre et 15 centilitres d'eau dans une casserole et porter le tout à ébullition. Mettre les jaunes d'œufs dans un bol placé dans un bain-marie et verser petit à petit le sirop bouillant dessus tout en fouettant sans arrêt. Battre jusqu'à ce que le mélange épaississe et forme le ruban, c'est-à-dire qu'il se déroule comme un ruban lorsqu'on le laisse couler des branches du fouet. Laisser refroidir complètement. Égoutter les griottes à l'eau-de-vie. Incorporer délicatement la crème fouettée, puis les griottes égouttées. Verser ce mélange dans 4 petits moules à kougelhopf et passer au congélateur pendant au moins 3 heures.

3 - Pendant ce temps, verser la crème fraîche restante dans un bol et battre la crème à l'aide d'un fouet jusqu'à ce qu'elle prenne une légère consistance. La crème ne doit pas être aussi ferme que la crème fouettée. Incorporer délicatement le sucre vanillé puis le kirsch. Réserver cette crème au kirsch au réfrigérateur jusqu'au moment de l'utilisation.

4 - Avant de servir :

Démouler les *kougelhopf* glacés en les passant 15 secondes dans l'eau tiède. Déposer un *kougelhopf* au centre de chaque assiette. Saupoudrer légèrement de cacao en poudre. Décorer avec des quenelles de crème au kirsch et quelques griottes.

Boisson conseillée : eau-de-vie de kirsch.

Œufs à la neige « grand-mère » et mousse au chocolat

Pour 4 personnes

1 gousse de vanille • 1/2 l de lait • 6 œufs • 205 g de sucre • 50 g de noisettes et d'amandes hachées
Pour la mousse au chocolat : 6 jaunes d'œufs • 100 g de sucre • 200 g de chocolat • 1/2 l de crème fleurette

Préparation : 45 mn

1 - Fendre la gousse de vanille et en extraire les petites graines. Mettre le lait avec les petites graines de vanille dans une casserole. Casser les œufs en séparant les blancs des jaunes. Porter à ébullition et laisser infuser sur le coin du feu. Dans un grand bol, fouetter les blancs d'œufs jusqu'à ce qu'ils soient fermes. Incorporer 80 g de sucre et battre jusqu'à ce que le mélange soit lisse.
À l'aide de 2 cuillères à soupe trempées dans de l'eau chaude, former 4 grosses boules de blancs d'œufs. Les faire pocher dans le lait vanillé pendant 10 minutes en les retournant délicatement à mi-cuisson. Les égoutter et les déposer sur un linge propre. Réserver le lait au chaud.

2 - Fouetter les jaunes d'œufs avec 125 g de sucre jusqu'à ce que le mélange soit crémeux. Verser dessus le lait vanillé bouillant, passé à travers un chinois, tout en continuant de fouetter. Placer ce mélange dans un bain-marie, sur feu moyen, et faire cuire jusqu'à épaississement en remuant constamment mais doucement à l'aide d'une cuillère en bois. La crème est cuite lorsqu'elle nappe la cuillère. Laisser refroidir la crème anglaise et réserver au frais.

3 - Mousse au chocolat :
Mettre les jaunes d'œufs dans une casserole avec le sucre et 2 cuillerées à soupe d'eau tiède. Fouetter ce mélange jusqu'à ce qu'il devienne mousseux. Placer la casserole dans un bain-marie presque bouillant et battre au fouet jusqu'à ce que le sabayon ait épaissi. Laisser refroidir. Faire fondre le chocolat au bain-marie et monter la crème fleurette en chantilly. Mélanger la chantilly et le sabayon froid, puis le chocolat. Réserver au frais.

4 - Avant de servir :
Napper le fond de chaque assiette creuse de crème anglaise, déposer un œuf à la neige ainsi qu'une boule de mousse au chocolat dessus. Décorer avec des noisettes et des amandes hachées. ❧

Boisson conseillée : eau-de-vie de mirabelle.

Les eaux-de-vie

Appelées schnaps ou goutte dans le langage populaire, les eaux-de-vie alsaciennes sont un luxe d'arômes et de finesse. Elles sont issues de sélections rigoureuses de fruits mais aussi de baies sauvages, de fleurs ou de bière.

Les distillateurs alsaciens se sont faits une renommée internationale et leurs eaux-de-vie blanches ont conquis tous les amateurs qui ne cessent d'accompagner leurs dégustations de louanges les plus alambiquées et cependant bien méritées. Il n'est plus une grande table qui ne propose à ses clients en fin de repas, un kirsch d'Alsace, un marc de gewurztraminer, une eau-de-vie de framboise, une quetsche, ou, plus étonnant encore, une eau-de-vie de houx. Il n'est pas un fruit des vergers alsaciens ou des forêts vosgiennes qui n'ait donné une idée de distillation aux bouilleurs de cru.

L'eau-de-vie de framboise : c'est au début du siècle et pour la première fois en Alsace que fut élaborée par Eugène Massenez une eau-de-vie de framboise. Au préalable, la framboise servait à aromatiser le kirsch. Comme pour les autres baies sauvages, la framboise est mise à macérer dans de l'eau-de-vie de vin pendant un mois à raison de 100 kg de fruits pour 25 l d'eau-de-vie titrant à 50°.

Le kirsch : il est couramment admis que la cerise ait été le fruit le plus anciennement distillé pour obtenir une eau de cerise, le kirsch ou *kirschwasser*. Ces premières eaux-de-vie de cerise à usage alimentaire furent le résultat d'une longue et lente évolution d'une recette de potion médicinale, le *kirsewin,* mise au point en 1415 par des moines de Strasbourg. À cette époque, il s'agissait sans doute de cerises macérées dans l'eau-de-vie de vin. À partir du 18e siècle, date de la distillation du kirsch proprement dit, dans le Val de Villé où on récoltait la cerise en abondance, la production de cette eau-de-vie connaît un essor remarquable.

Le marc de gewurztraminer : il est obtenu à partir des raisins restant après le pressurage. Ce résidu fermenté sera ensuite distillé pour obtenir l'eau-de-vie de marc. Jusqu'aux années cinquante, dans les campagnes viticoles, le marc de raisin était considéré comme le schnaps de tous les jours. Aujourd'hui le marc de gewurztraminer est la seule eau-de-vie à bénéficier d'une appellation réglementée.

LES BOUILLEURS DE CRU

Au 16e siècle, les distillateurs appelés *brennherren* s'établissent à Colmar près d'un cours d'eau, le Brennbaeschlein, où ils puisent l'eau nécessaire au fonctionnement des alambics. Au fil des siècles, l'alambic se banalise et se répand dans les campagnes. Après le passage du bouilleur de cru ambulant qui pose son alambic sur la place du village, les paysans font vieillir leur eau-de-vie à la chaleur des greniers ou des granges. De nos jours le droit de distiller est limité aux professionnels de la distillerie et aux quelques bouilleurs de cru dont la charge ne se transmet plus qu'au dernier conjoint vivant.

La poire fait partie de la grande palette des saveurs des eaux-de-vie alsaciennes.

Résistance

La production d'eau-de-vie pendant les conflits a toujours été très intense (une famille paysanne pouvait en consommer jusqu'à 50 l par an). À la veillée, on racontait facilement les histoires de contrebande et dans une région frontalière comme l'Alsace les courses poursuites à bicyclette entre les contrebandiers et les agents des différentes administrations ne manquaient pas. Les eaux-de-vie ont souvent permis de soudoyer les fonctionnaires allemands afin d'acquérir des laissez-passer ou des produits de première nécessité rationnés et également de distraire une sentinelle qui avait trop souvent besoin de se réchauffer. ❦

Dégustation

• Ne jamais placer la bouteille au réfrigérateur ou pire encore, au congélateur. Il est préférable de refroidir les verres à l'aide de glaçons, ou mieux encore de servir les eaux-de-vie dans des verres posés sur glace. Certains préfèrent les déguster « chambrées » dans un verre réchauffé dans le creux de la main.

• Servir une bonne eau-de-vie dans une tasse à café tiède est une véritable hérésie, l'arôme du café prenant inévitablement le dessus.

• Les eaux-de-vie doivent être entreposées à l'abri de la lumière et se conservent six mois environ après ouverture.

• Les eaux-de-vie blanches se bonifient avec le temps et prennent de la rondeur. Elles peuvent se révéler grandioses après 15 ou 20 ans d'âge, si elles sont de très bonnes origine. Seule l'eau-de-vie de framboise ne gagne pas à être conservée. ❦

La distillation

Beaucoup d'eaux-de-vie requièrent un vieillissement de quelques années afin d'accroître leur arôme et leur bouquet.

Les fruits sont triés et mis en macération dans des fûts pendant plusieurs semaines et commencent à fermenter au bout de deux jours sous l'action de levures naturelles.
La distillation en alambic se déroule en deux étapes : « la petite eau » ou « brouillis » qui titre à 25° et la « repasse » titrant à près de 65°. On prend soin de supprimer le début et la fin de la distillation pour faire disparaître le goût âcre de l'alcool. Le vieillissement se fait dans du verre ou des cuves émaillées. ❦

Nous remercions particulièrement
la Faïencerie de Lunéville, Badonviller et Saint-Clément à Saint-Clément
qui a aimablement prêté ses assiettes pour les photographies des plats,

les Caves de la Brasserie à Lutterbach,
les Brasseries Heineken à Schiltigheim,
M. Zagni, la Boutique S'Bierladl à Ribeauvillé,
M. Nusbaumer à Steige,
M. Mette à Ribeauvillé,
M. Breitel à Saint-Hippolyte,
la Confrérie de Saint-Etienne à Kientzheim,
les Confitures du Climont à Ranrupt,
M. Heine au Bouton d'Or à Mulhouse,
M. et Mme Kempf, Ferme du Sesserle à Breitenbach,
la Ferme Elevage Heinrich à Stosswihr,
les Pâtes Heimburger à Marlenheim,
la Maison Fortwenger à Gertwiller,
le Caveau de l'Ami Fritz à Ribeauvillé,
la Winstub du Château de l'Ile à Ostwald,
M. Schmitt à Bischoffsheim,
M. Kuntz, Ferme de la Plume d'Or à Dachstein,
la Pâtisserie Christian à Strasbourg,
M. Thalgott à Plobsheim,
les Ets Baur à Blaesheim,
les Ets Bruxer à Kayserberg,
la Librairie Gourmande (Mme Baudon) à Paris,
qui ont fourni de précieuses informations et aidé à la réalisation des photos.

Imprimé en France par I.M.E. - 25110 Baume-les-Dames
Dépôt légal n° 6496-09/1996 - Collection n° 35 - Edition n° 01
23/6057/6